Katzengeschichten

Katzengeschichten

Herausgegeben von Kitty Heeman

Loewe

Die Deutsche Bibliothek – CIP-Einheitsaufnahme

Katzengeschichten / hrsg. von Kitty Heeman.
1. Aufl. – Bindlach : Loewe, 1996
ISBN 3-7855-2863-9

ISBN 3-7855-2863-9 – 1. Auflage 1996
© 1996 by Loewe Verlag GmbH, Bindlach
Umschlagillustration: Charlotte Panowsky
Umschlaggestaltung: Karin Roder
Satz: Fotosatz Knab, Lintach
Gesamtherstellung:
Graphischer Großbetrieb Pößneck
Printed in Germany

Inhalt

Hanna Johansen
Felis, der Kater

„Felis, Felis!"

Es war ein raschelnder Frühlingsmorgen, schon ziemlich warm, schon ziemlich spät und ziemlich still, was das Singen der Vögel anging. Ein Sonntag also.

„Felis, Felis!"

Endlich, dachte Felis, der auf der Mauer lag, in sich hineinschaute und manchmal mit einem Ohr zu den anfliegenden Amseln hinaufhorchte oder das andere einem in der Ferne abfahrenden Auto zudrehte. Es mußte längst zehn gewesen sein. Mindestens zehn nach zehn, denn die Sonne schien schon übers Nachbardach.

Immer mußte er sonntags länger warten als sonst, aber heute waren es zehn Minuten zuviel. Er sprang auf, ohne sich zu strecken, ging los und war schon von einem ordentlichen Trab in einen kräftigen Galopp gefallen, als die Frau zum drittenmal rief.

„Felis, Felis!"

Was sie nicht sagte, war folgendes: Endlich sind wir aufgewacht, endlich haben wir uns gestreckt, endlich sind wir die Treppe heruntergekommen, und endlich ist das Frühstück fertig.

„Guten Morgen", sagte Felis, „schön, daß du aufgestanden bist."

Er drückte Kopf und Flanke an ihr Bein, ließ sich dann auf die Seite fallen und sagte: „Es ist eine ausge-

11

sprochene Freude, dich zu sehen." Wenn er das sagte, setzte sie sich zu ihm und kraulte ihn überall da, wo er es gern hatte.

Nach zwei Minuten stand Felis auf und sagte: „Du wirst sicher bemerkt haben, daß heute ein außerordentlich schöner Tag ist."

Sie stand auch auf.

Felis wurde den Verdacht nicht los, daß seine Leute immer nur „miau" verstanden, wenn er mit ihnen redete.

Sie taten es nicht aus bösem Willen. Auch nicht aus Gleichgültigkeit. Es lag einfach in ihrer Art, und der Grund dafür war, daß sie zu kleine Ohren hatten. Alles andere an ihnen war ziemlich groß geraten, bloß bei den Ohren fehlte es.

„Komm essen", sagte die Frau, als sie miteinander ins Haus gingen.

Im Flur wartete der Mann. Felis blieb vor ihm stehen und streckte langsam die Vorderbeine, dann die Hinterbeine, allerdings auch nicht zu langsam, und schon gar nicht zu schnell, sondern genau so, wie es sein mußte. „Ich grüße dich", fügte er hinzu, obwohl es im Grunde überflüssig war.

„Ich grüße dich auch", sagte der Mann.

Und jetzt das Essen.

Als es dunkel wurde, lag Felis auf seinem grünen Kissen, in haarsträubende Träume versunken, aus denen er hin und wieder aufwachte. Dann schaute er sich verwirrt im Zimmer um, und wenn er alles wiedererkannt hatte, schloß er von neuem die Augen. Schläfrig horchte er auf das Ticken der Uhr, das Knistern des Kühlschranks, das Rauschen der Wasserleitung, streckte sich und schlief weiter. Je tiefer ein Kater schläft, um so mehr hört er. Natürlich hört er in Wahrheit nicht mehr, sondern weniger. Das heißt, die Uhr, den Kühlschrank, die Wasserleitung und die Schritte seiner Leute hört er nicht. Aber er hört Geräusche, die wichtig sind. Keine Maus hätte es wagen dürfen, auch nur durch ein fernes Zimmer zu trippeln, ohne daß er sogleich aufgestanden und hingeschlichen wäre.

Da aber im Haus keine Mäuse waren und deshalb auch nicht durch ferne Zimmer trippeln konnten, schlief Felis tief und fest und traumlos, bis eine leise Stimme seine Ohren auffahren ließ. Es mußte hinter dem Acker bei der Scheune sein. Es mußte ein Kater sein. Und er mußte näher kommen. Soviel stand fest.

Dann hörte er die Stimme aus dem Garten. Es war der gleiche Ruf, mit dem er schon seit Tagen abends gerufen wurde, leise, gurrend und unwiderstehlich. Und es war nicht ein Kater, der ihn rief, sondern zwei, manchmal drei.

„Du bist jetzt groß genug", riefen sie. „Und wenn du hier bei uns leben willst, mußt du herauskommen und zeigen, wer du bist."

„Heute nicht", sagte Felis, wobei er sich hinter dem Ohr kratzte. Er wünschte sich eine gemütliche Nacht auf seinem grünen Kissen, eine schöne lange, ungestörte Nacht, in der er niemandem zeigen mußte, wer er war. Ohne mich, sagte er und kratzte sich hinter dem anderen Ohr.

„Wo bleibst du so lange?" riefen sie draußen. „Sollen wir die ganze Nacht auf dich warten?"

Dann muß ich wohl, dachte er, ging zur Tür und sagte: „Miauuu!"

„Nein, nicht schon wieder", knurrte der Mann, der auf dem Sofa lag und in einem Buch las.

Felis blieb vor der Tür sitzen.

„Ich weiß, daß du deine Ruhe haben willst", sagte er. „Aber es hilft nichts. Erst mußt du mir die Tür aufmachen."

Draußen riefen die Kater.

Der Mann schwieg.

Felis schwieg. Drei Minuten, dachte er. Höchstens fünf. Länger muß ich nicht schweigen. Dann wird er stöhnen und aufstehen.

Der Mann stöhnte. Aber er stand nicht auf. Statt dessen sagte er: „Mach die Tür doch selber auf."

„Hm", sagte Felis. „Ich weiß. Andere Katzen springen auf die Türklinke, damit sie aufgeht. Das hast du schon oft gesagt. Aber ich bin ich. Und ich finde, Türen aufzumachen ist nichts für unsereinen. Es sieht lächerlich aus."

Der Mann stöhnte.

„Sei doch froh, daß du mir einen Gefallen tun kannst", sagte Felis sehr leise und sehr liebenswürdig.

„Felis, Felis", stöhnte der Mann, stand auf und ließ ihn nach draußen.

Felis war ein tapferer Kater. Geräuschlos und mit klopfendem Herzen ging er in die durchsichtige Dunkelheit hinaus.

Zwei Kater konnte er erkennen. Der gefleckte saß hinten am Zaun, der weiße etwas näher. Die Begrüßung verlief, wie er es erwartet hatte, mit gespannter Aufmerksamkeit und ausgesprochen bedrohlich. Zwischendurch blickten sie weg, damit Felis näher kommen konnte. Natürlich war es ganz und gar unerträglich, daß diese Kater in seinem Garten saßen und ihn bedrohten. Kein Gartenbesitzer wäre bereit gewesen, das zu dulden.

Doch Felis ging es nicht um den Garten. Er wollte beweisen, daß man ihn nicht Nacht für Nacht zusammenschlagen konnte. Seit er groß geworden war, spielten die anderen Kater nicht mehr mit ihm. Auch mit den freundlichen Begrüßungen war es vorbei. Jetzt prügelte man sich. Die anderen waren zwar nicht größer, aber sie waren älter und wußten, wie man mit Neulingen fertig wird. Darum haben diese Kerle noch lange nicht das Recht, mit mir umzuspringen, wie es ihnen paßt, dachte Felis.

Beim Baum neben der Wiese blieb er stehen. An der Rinde schärfte er seine Krallen, daß man es weithin hören konnte. Er wußte, daß die Kater beeindruckt waren, auch wenn sie so taten, als schauten sie gar nicht hin.

„Komm nur her", sagte Felis, als ihm der Weiße den Kopf zuwandte. „Wenn du denkst, daß du stärker bist als ich, dann hast du dich verrechnet."

Von nun an ging alles sehr langsam. Der Weiße streckte das Hinterteil in die Höhe, so daß er sehr groß aussah. Sein Schwanz war steif nach unten abgewinkelt. Entschlossen streckte er den Kopf vor und drehte die Ohren nach außen, nur sehr wenig, aber Felis verstand. Er ließ sich nicht einschüchtern. Was der Weiße konnte, das konnte er auch. So standen sie. Hin und wieder ging einer ein paar Schritte auf den anderen zu, ohne ihn aus den Augen zu lassen, und blieb dann wieder stehen. Als schließlich der Weiße nur noch einen Meter entfernt war, legte Felis seinen Kopf schief. Der Weiße knurrte.

Je näher sie einander kamen, um so langsamer ging es. Wenn sie ein paar Schritte getan hatten, drehten sie die Köpfe auf die andere Seite. Schließlich waren sie auf gleicher Höhe. Schritt für Schritt schoben sie sich aneinander vorbei. Dann blieben beide stehen, leicht geduckt, bewegungslos, bereit, jeden Augenblick vorzuschnellen. Nur die Schwanzspitzen zuckten von Minute zu Minute heftiger.

Plötzlich sprang der Weiße los, wollte Felis mit seinen Zähnen im Nacken packen, aber der warf sich auf den Rücken, packte den Weißen mit den Vorderfüßen und hielt ihn fest. Sogleich schlug der andere ihm seine Krallen ins Fell, und kreischend wälzten sie sich am Boden. Ebenso plötzlich fuhren sie wieder auseinander, und es dauerte nicht lange, bis sie sich von neuem drohend gegenüberstanden.

Nach der vierten Runde hatte Felis genug. Er setzte sich, legte die Ohren an, keuchte und sah weg. Der Weiße drohte noch eine Weile zu ihm hin. Dann wandte er sich ab und begann, den Boden zu beschnuppern. Unterdessen saß der Gefleckte neben dem Zaun und warf gelegentlich einen gelangweilten Blick herüber. Felis wartete und ärgerte sich. So ein Mist, dachte er, während der Weiße davonging, immer noch drohend und mit den steifen Beinen des

Siegers, der vor lauter Überlegenheit kaum laufen kann.

Blöder Kraftprotz, dachte Felis. Entfernt sich, damit ich in aller Ruhe den Schwanz einziehen und verschwinden kann. Aber der kennt mich schlecht. Ich ziehe den Schwanz nicht ein, und ich verschwinde nicht. Ich bleibe hier sitzen, mag kommen, was will. Aber Felis war zu aufgeregt, um lange sitzen zu bleiben. Er ging zu seinem Baum, spritzte Urin gegen den Stamm und ging weiter zu den Zaunpfählen, die zu seinem Garten gehörten.

Da sah er den zweiten Kater. Der Gefleckte war aufgestanden und starrte ihm ihn die Augen. Felis nahm die Herausforderung sofort an. Diesmal gebe ich nicht auf, dachte er. Als sie sich gegenüberstanden, das Hinterteil bereits zum Sprung geduckt, und einander mit schmalen Pupillenschlitzen anblickten, ließ Felis seine Ohren etwas steiler stehen. Und er war es auch, der als erster auf den Gefleckten losging. Er landete auf dem Bauch des anderen, der kreischte, ihn mit den Pfoten schlug und mit den Hinterfüßen trat und kratzte. Felis fuhr zurück und stellte sich sofort wieder drohend vor ihn. Ihm war, als bemerkte er einen Anflug von Vorsicht in dem gefleckten Gesicht. Wieder griff Felis zuerst an. Diesmal sprang er nicht zurück, als sie Bauch an Bauch lagen. Er wehrte sich gegen die Bisse, gegen die strampelnden Hinterpfoten und gegen die Krallen, die der andere ihm ins Ohr schlug. Er beachtete den Schmerz nicht, nicht das Blut, das ihm übers Auge lief. Er stieß grollende Angriffsschreie aus, während der Gefleckte fauchte, spuckte und ihn mit gebleckten Zähnen und weit aufgerissenen Augen abzuwehren versuchte. Langsam stand Felis auf und sah seinen Gegner drohend an. Diesen Kampf konnte er nicht verlieren. Und wirklich, der Gefleckte blieb mit angelegten Ohren sitzen, zog den Kopf ein und schaute ihn nicht mehr an.

Felis stellte die Ohren etwas steifer. Der andere achtete nicht darauf, saß einfach da und wartete.

„Dann eben nicht", sagte Felis, wandte sich ab und schnupperte. Langsam ging er zu seinem Baum hinüber. Er hörte, wie der Gefleckte aufstand, den Weg zum Zaun einschlug, hindurchkroch und auf der Wiese verschwand.

Der weiß jetzt, wer ich bin, dachte Felis, sprang auf die Mauer und schaute sich um. Er machte sein Gesicht sauber, so gut es ging. Das Fell war verklebt. Vergeblich versuchte er, den Schmerz in seinem Ohr wegzuwischen. Dann schlug er die Pfoten ein und horchte auf das Knistern der Nacht.

Um sieben ging Felis zur Tür und wartete, daß sie aufgemacht wurde. Er war hungrig, und sein Ohr tat sehr weh.

„Felis!" sagte die Frau. „Felis, wie schrecklich. Was ist passiert?"

„Was soll passiert sein", sagte er. „Ich habe den Gefleckten vertrieben. Der wird nicht mehr wagen, es mit mir aufzunehmen."

Sie rief ihren Mann.

Der sagte nur ein Wort: „Tierarzt!"

Felis duckte sich erschrocken. Nein. Bloß das nicht. Die Frau nahm ihn auf den Arm. Er roch an ihrer Nase, rieb den Kopf an ihrem und gab ihr einen zarten Biß ins Kinn. Aber er tat es mit halbem Herzen. Er hörte immerzu: Tierarzt. Tierarzt. Tierarzt.

„Armer Felis", sagte die Frau.

„Laß mich runter", antwortete Felis. Solange die Tür noch offenstand, wollte er hinaushuschen und sich irgendwo verstecken, wo sie ihn nicht finden konnten. Er hätte freiwillig auf sein Frühstück verzichtet, wenn er nur nicht zum Tierarzt mußte.

Zu spät. Der Mann kam mit dem Korb. Gemeinsam steckten sie ihn hinein. Deckel zu. Fertig.

Felis brüllte: „Nein! Nein!"

„Hab keine Angst, Katze", sagten sie. Wenn sie es sehr gut meinten, sagten sie Katze zu ihm. Auch ein schöner Name. Aber wenn sie es so gut meinten, warum ließen sie ihn dann nicht raus und warteten, bis das Ohr von selber besser wurde?

Er hörte, wie die Frau den Schlüssel nahm. Dann hob sie den Korb auf, ging zum Auto und ließ den Motor an. Auch das noch.

„Ich will nicht", rief er. Seine Stimme war noch lauter als die des Motors. „Ich will nicht Auto fahren. Ich will nicht zum Tierarzt."

Sie versuchte ihn zu beruhigen. „Hab keine Angst, Katze. Dein Ohr sieht schlimm aus. Es ist ganz zerrissen. Davon kann man sehr krank werden."

Von mir aus brauchte es keine Ärzte zu geben, dachte er. Ist man nicht schon unglücklich genug, wenn man krank ist?

Felis brüllte.

„Der Tierarzt wird dir helfen", sagte sie.

Sie muß verrückt sein, dachte er. Helfen. Was für eine Hilfe ist das, wenn man erst mit dem Auto fahren muß? Ich hasse das. Und ich hasse ihn. Er hat so eine Art, mich zu packen, daß ich mich nicht wehren kann. Aber eines Tages, das weiß ich, wird er mich nicht überlisten. Ich werde ihn erwischen, und dann kann er was erleben. Ich muß nur schneller sein als er. Erschrecken muß ich ihn. Und dann ausreißen. Nein. Erschrecken und zuschanden beißen, wie eine Ratte, jawohl, wie eine fette braune Ratte. Schütteln werde ich ihn, daß ihm Hören und Sehen vergeht. Der wird es nie mehr wagen, mich anzufassen. Soviel ist sicher.

Wenn bloß das Auto nicht so laut wäre.

Im Wartezimmer saß er ganz still und schaute sich mit großen ängstlichen Augen um.

„Hab keine Angst", sagte die Frau noch einmal, als er drinnen auf dem Tisch kauerte. Und auch diesmal war der Tierarzt schneller.

Alles Unsinn, dachte Felis, als er wieder in seinem Korb hockte. Wozu soll das gut sein, an meinem Ohr rumtupfen, das sowieso schon weh tut? Und es dauert immer eine Ewigkeit, bis er fertig ist. Aber ich habe mir nichts anmerken lassen. Nicht geschrien. Nicht gejault.

Dann wieder ins Auto. Felis wußte, daß es nach Hause ging, aber das Auto machte ihn trotzdem wütend. So wütend, daß er gar nicht mehr an sein

Ohr dachte. Zu Hause ging er in die Küche, roch an seinem Teller und wandte sich ab. Er mochte nicht essen nach so viel Aufregung. Er mochte auch nicht reden. Er legte sich auf sein Kissen und rollte sich zusammen. Halb schlief er, und halb dachte er: Wozu das alles? Wo mein Ohr doch überhaupt nicht mehr weh tut.

Von diesem Tag an hatte Felis einen neuen Namen. „He, Schlitzohr!" sagten sie zu ihm. Es war sein dritter Name. Zum Glück war er gescheit genug, sie alle im Kopf zu behalten.

Chinesisches Märchen

Warum Hund und Katze Feinde sind

Ein Mann und eine Frau hatten einen goldenen Ring. Das war ein Glücksring, und wer ihn besaß, hatte immer genug Geld. Sie wußten aber nichts davon und verkauften den Ring für wenig Geld. Kaum war der Ring aus dem Hause, da wurden sie immer ärmer und wußten schließlich nicht mehr, woher sie genug zum Essen bekommen sollten. Sie hatten auch einen Hund und eine Katze, die mußten mit ihnen Hunger leiden. Da beratschlagten die Tiere miteinander, wie sie den Leuten wieder zu ihrem alten Glück verhelfen könnten. Schließlich hatte der Hund eine Idee.

„Sie müssen den Ring wiederhaben", sagte er zur Katze.

Die Katze sagte: „Der Ring ist wohl verwahrt in einem Kasten, wo niemand dran kann."

„Fang du eine Maus", sagte der Hund. „Die Maus soll den Kasten aufnagen und den Ring herausholen. Sag ihr, wenn sie nicht wolle, beißt du sie tot, da wird sie's schon tun."

Dieser Rat gefiel der Katze, und sie fing eine Maus. Nun wollte sie mit der Maus zu dem Haus, wo der Kasten stand, und der Hund ging hinterher. Da kamen sie an einen großen Fluß. Und weil die Katze nicht schwimmen konnte, nahm sie der Hund auf den Rücken und schwamm mit ihr hinüber. Die Katze trug die Maus zu dem Haus, wo der Kasten stand. Die Maus nagte ein Loch in den Kasten und holte den

Ring heraus. Die Katze nahm den Ring ins Maul und kam zurück zu dem Fluß, wo der Hund auf sie wartete und mit ihr hinüberschwamm. Dann gingen sie miteinander nach Hause, um den Glücksring ihren Leuten zu bringen.

Der Hund konnte aber nur auf der Erde laufen; wenn ein Haus im Wege stand, so mußte er immer darum herumgehen. Die Katze aber kletterte schnell über das Dach, und so kam sie viel früher an als der Hund und brachte den Ring ihrem Herrn.

Da sagte der Herr zu seiner Frau: „Die Katze ist doch ein gutes Tier, der wollen wir immer zu essen geben und sie pflegen wie unser eigenes Kind."

Als nun der Hund zu Hause ankam, da schlugen und beschimpften sie ihn, weil er nicht auch geholfen habe, den Ring wieder heimzubringen. Die Katze aber saß beim Herd und schnurrte und sagte nichts. Da wurde der Hund böse auf die Katze, weil sie ihn um seinen Lohn betrogen, und wenn er sie sah, jagte er ihr nach und wollte sie packen.

Seit jenem Tag sind Hund und Katze Feinde.

Mary E. Little

Der Junge und der alte Kater

1

Er war völlig ausgehungert, als Joel ihn eines Abends auf der Mülltonne hinter der Garage fand. Es gab wenig Abfälle für streunende Katzen und viel zu viele herrenlose Tiere, die danach suchten.

Der alte Kater hatte vergessen, was es hieß zu leben, statt gerade noch am Leben zu bleiben. Als junges Kätzchen war er eine Zeitlang verhätschelt und verwöhnt worden.

„Er ist der hübscheste von allen. Der gefällt mir, den nehm' ich!" hatte die junge Frau gesagt, als sie ihn an einem Frühlingstag aus einem Wurf auswählte. „Ganz schwarz, nur auf der Schulter ein weißer Fleck. Und schau mal, die großen gelben Augen! Ist er nicht reizend? Guck bloß, wie er nach meinem Finger tapst! Wie weich er sich anfühlt.

Er kann mir hier draußen Gesellschaft leisten, wenn du wieder bei deinen Geschäften in der Stadt bist."

So wurde er ein Schoßtier. Bis dann der Herbst kam und der Mann sagte: „Den Kater können wir nicht mitnehmen, wenn wir nach Hause fahren. Im übrigen ist er jetzt so alt, daß er nachts draußen sein will."

„Und wenn wir ihn kastrieren lassen?"

„Nein, auf keinen Fall! Für so etwas gebe ich kein Geld aus. Außerdem ist er wirklich nicht mehr das hübsche kleine Wollknäuel, das du dir damals ausgesucht hast. Ganz und gar nicht mehr."

Das stimmte. Mit seinen sieben Monaten bestand er fast nur aus Beinen und Schwanz – und Appetit.

„Komm, sei nicht albern! Glaub mir doch, Katzen können für sich selbst sorgen. Sie sind von Natur aus Jäger – sie wissen sich zu helfen."

Nachdem die Leute ihn verlassen hatten, versuchte er jemanden zu finden, der ihn fütterte und versorgte. Aber überall wurde er verscheucht, manchmal freundlich, meistens nicht so freundlich. Am schlimmsten war es, wenn die Leute schon eine Katze hatten. Die großen Kater jagten ihn aus dem Garten, und die kleinen zeterten, wenn er ihnen das Futter wegnahm, so daß gewöhnlich irgend jemand angelaufen kam, „Verschwinde!" schrie und ihn mit dem Besen davonjagte.

So hatte er gelernt, mit großen Katern zu kämpfen und den Menschen aus dem Weg zu gehen.

Aber es waren immer mehr Leute in diese Gegend gezogen, und es gab immer weniger unbebautes Land, bis schließlich all die kleinen wildlebenden Tiere, von denen eine Katze leben konnte, ausgerottet waren. Wo er es auch versuchte – überall traf er auf Menschen, Hunde und Autos.

Dennoch war der Kater mehr als fünf Jahre am Leben geblieben – nach Menschenjahren gezählt fünfunddreißig. Aber nun war er ausgehungert, müde, freudlos und unansehnlich mit seinem struppigen Fell. Hunger und Furcht waren das einzige, was er noch kannte.

Als Joel um die Ecke der Garage kam, sprang der alte Kater von der Mülltonne und floh auf die Straße hinunter. Auf halbem Weg blieb er stehen. Der Junge redete mit ihm. Etwas in der Stimme des Jungen hielt ihn zurück.

„Bleib hier, alter Kater!" rief Joel leise. „Ich will dir doch nichts tun. Komm, mein alter, komm nur her! Du siehst ja schlimm aus, du armer Kerl. Komm ruhig, lauf doch nicht weg!"

Joel ging sehr langsam auf den Kater zu, streckte die Hand aus und redete leise, ununterbrochen und mit sanfter Stimme. Als er noch etwa drei Meter entfernt war, fauchte der Kater und rannte weg.

Doch später am Abend kam er zurück und strich wieder um die Mülltonne. Der Deckel war fest geschlossen, und umwerfen konnte er die schwere Tonne nicht, wie es kräftige Hunde bisweilen fertigbrachten. Aber er schnupperte rund um die Tonne auf dem Boden und suchte nach Abfall, der vielleicht heruntergefallen war.

Als Joel um die Garagenecke kam, lief der Kater davon. Wieder hielt ihn der Ton in der Stimme des Jungen zurück. Er blieb stehen und sah sich um. Joel hatte einen Teller mit Futter in der Hand. Er kam langsam auf den Kater zu und redete leise und schmeichelnd auf ihn ein.

„Komm zurück, alter Kater! Komm – du siehst verhungert aus. Komm doch! Niemand tut dir was. Komm, hol dir dein Abendessen. Komm. Alter, nun komm schon!"

Der Kater fauchte und knurrte und lief ein Stück

weg, als der Junge näher kam. Doch abermals blieb er stehen und sah sich um. Der Geruch des Futters war eine Qual für ihn, aber er hatte Erfahrungen mit Menschen gemacht, mit Jungen und Blechdosen, mit Steinen und Flaschen. Die Erfahrungen hielten ihn zurück. Über dem Auge hatte er eine Narbe. Sie war noch geschwollen und stammte von einer fliegenden Glasscherbe – einer Flasche, die man nach ihm geworfen hatte.

Er duckte sich, knurrte und fauchte noch einmal.

„Du kannst ganz schön fluchen, stimmt's? Okay. Ich stell' den Teller hierher, und du kommst einfach und frißt, wann du Lust hast."

Joel stellte den Teller dicht an den Zaun und zog sich langsam zurück, dabei sprach er ständig weiter zu dem Kater.

Der rührte sich nicht, obwohl ihm der Geruch des Futters das Wasser im Maul zusammenlaufen ließ. Erst als der Junge fast verschwunden war und nur noch um die Ecke der Garage spähte, schob er sich auf den Teller zu. Langsam kroch er auf dem Bauch zu dem Teller hinüber, ständig auf der Hut.

Der Hunger siegte, und der Kater stürzte sich auf das Futter. Er schlang es hinunter, wie es ein regelmäßig gefüttertes Tier niemals tun würde. Hin und wieder hob er den Kopf und schaute wachsam nach beiden Seiten, dann schlang er weiter.

Joel hinter der Garagenecke sprach leise weiter zu dem Kater, während der fraß.

„Mann, mußt du einen Hunger haben! Ich wette, so eine Mahlzeit hast du seit Weihnachten nicht mehr gehabt. Wäre gut, wenn du ein bißchen näher kämst, damit ich mir die Narbe da ansehen kann. Und was ist mit deinen Ohren? Die sind ja noch struppiger als der Schwanz. Ehrlich, du siehst traurig aus. Das sieht sogar ein Blinder."

Tatsächlich hatte der alte Kater so eine Mahlzeit länger als ein Jahr nicht mehr gehabt. Sein Weihnachtsmahl hatte er aus den Mülltonnen geholt. Die waren so voll gewesen, daß die Leute sie nicht mehr zukriegten. Die letzte Mahlzeit, die ihm jemand hingestellt hatte – ganz allein für ihn –, das war vor fast zwei Jahren gewesen. Eine alte Frau hatte ihm ein paar glückselige Monate lang jeden Abend eine Schüssel mit Futter vor ihre Hintertür gestellt. Auch sie hatte zu ihm gesprochen, und er hatte geantwortet, aber selbst damals hatte er immer gewartet, bis sie die Gittertür geschlossen hatte, bevor er fraß. Er hatte sich niemals von ihr anfassen lassen, aber er war jeden Tag zu ihrem Haus gegangen, bis sie eines Abends nicht mehr an die Tür gekommen war. Er war eine Zeitlang weiter hingegangen, aber er hatte sie nicht wiedergesehen.

Als der Kater den Teller saubergeleckt hatte, hockte sich der Junge, der immer noch leise redete, auf die Fersen und streckte wieder die Hand aus, doch selbst auf diese Entfernung erschreckte die Bewegung den Kater, und er lief weg.

Von da an wartete der alte Kater jeden Abend auf der Mülltonne, bis Joel mit dem Teller voll Futter kam.

Dann sprang er herunter, lief ein Stück weg und

wartete wieder. Jedesmal rückte der Junge den Teller ein bißchen näher zur Garagenecke, hinter der er selbst wartete, bis der Kater kam und fraß, immer noch heißhungrig, immer noch wachsam und mißtrauisch, doch jedesmal ein bißchen näher.

„Du bist ganz schön vorsichtig, alter Freund", sagte der Junge mit leisem Singsang in der Stimme. „Siehst aus, als wär's dir nicht gerade glänzend gegangen. Komm nur, komm, Mann – hab doch keine Angst! Riech an meiner Hand. Es ist eine Hand, die auch streicheln kann, verstehst du? Die füttert dich, die schlägt dich nicht. Komm doch!"

Aber der Kater wollte nicht, wenn er auch nicht mehr davonlief. Er hob nur jedesmal, wenn sich die Hand näherte, den Kopf und fauchte, dann setzte er sein Mahl fort.

„Du kannst ja besser fluchen als ich. Meine Ma will nicht, daß ich fluche, wenigstens jetzt noch nicht. Sie sagt, ich muß mindestens dreizehn sein, ehe ich ‚Verdammt' oder ‚Zum Teufel!' sagen darf – es ist fast noch ein Jahr bis dahin. Das einzige, was ich jetzt sagen darf, ist ‚Verflixt' oder ... Ach, komm! Lauf doch nicht gleich wieder weg!"

Der alte Kater leckte den letzten Futterrest vom Teller, dann wandte er dem Jungen den Rücken zu. Aber er lief nicht, sondern stolzierte würdevoll ein paar Schritte davon. Dann blieb er wieder stehen. Er drehte sich um und setzte sich. Er musterte den Jungen noch einmal und fing an, sich zu waschen.

Joel grinste und ließ sich langsam auf die Erde nieder.

„Nicht schlecht, alter Kater", sagte er. „Irgendwann wirst du schon zu mir kommen, und dann darf ich dich auch streicheln. Du und ich, wir werden schon noch Freunde."

„Mit wem redest du denn? Ach, *da* ist das ganze gute Hackfleisch geblieben!"

Die Stimme kam von der Hintertür. Als die Mutter den Jungen hochzog, schoß der Kater davon.

„He, Mom – bitte! Nun guck bloß, was du da angerichtet hast! Du hast ihn tatsächlich erschreckt! Nun geht wieder alles ganz von vorn los! Er hatte gerade angefangen, auf mich zu hören."

„Jetzt hörst du mal mir zu! Ich sag's dir zum letztenmal! Keine Tiere mehr! Hast du verstanden? Nie wieder!"

„Aber, Mom ..."

„Nach dem, was ich mit dir durchgemacht habe, als dein Hund überfahren wurde! Nein – keine Haustiere mehr!"

„Ma, hör doch mal zu ..."

„*Du* hörst *mir* zu! Ich komme völlig fertig von der Arbeit nach Haus, den ganzen Tag im Frisiersalon auf den Beinen, und was finde ich? Die Rabauken prügeln sich, und du verfütterst hier draußen mein schwerverdientes Essen an einen dreckigen, streunenden Kater!"

„Aber, Mom, wenn ich mich ein bißchen um ihn kümmere, wird er ..."

„Der kann für sich selber sorgen. Nun komm!"

„Aber er hat Hunger, und er ist verletzt. Er braucht Hilfe."

„Ich brauche Hilfe – und deine kleinen Geschwister da drinnen im Haus brauchen Hilfe. Los, beweg dich! Sorg dafür, daß die Kinder gewaschen werden und ins Bett kommen, während ich etwas zu essen mache – falls überhaupt noch was da ist!"

2

Die Stadt lag in einem Tal. In der Nähe war ein See. An seinem Ufer standen Sommerhäuser, einige wurden ständig von wohlhabenden Bürgern der Stadt bewohnt. Andere waren Sommerhäuser von Urlaubern. Die Häuser auf der entgegengesetzten Seite der Stadt sahen ganz anders aus. Sie zogen sich an den Gleisen des nicht mehr benutzten Bahnhofs hin, eine Reihe kleiner, gleichförmiger Kästen. Jeder hatte eine Garageneinfahrt, die man von der Gasse hinter den Häusern erreichte. In einem solchen Haus lebte Joel mit seiner Mutter und den kleinen Halbgeschwistern. Sein Stiefvater hatte die Familie vor einem Jahr dort zurückgelassen, um in einer hundert Meilen entfernten Großstadt Arbeit zu suchen. An seinen eigenen Vater konnte sich Joel nicht mehr erinnern, aber er bewahrte ein Foto von ihm auf, da trug der Vater eine Unteroffiziersuniform. Das Bild hatte er kurz vor seinem Tod in Vietnam nach Hause geschickt.

In dieser kleinen Stadt war es nicht leicht für einen Jungen, Arbeit zu finden, die Geld einbrachte. Was in Haus und Garten zu tun war, erledigten die Leute selbst, und die wenigen Jobs, die es gab, bekamen

Erwachsene und ältere Jugendliche. Joel erhielt von seiner Mutter wöchentlich ein kleines Taschengeld, aber das reichte nicht sehr weit. Außerdem sparte er jeden Cent, den er übrig hatte, für ein Mikroskop, das er während der ganzen Schulzeit benutzen konnte – vielleicht sogar noch auf dem College, falls er so weit kam. Sein Freund Wayne hatte ihm erzählt, er habe in der Stadt eins für achtzig Dollar gesehen, gebraucht, aber in Ordnung. Achtzig Dollar sind ein Haufen Geld für einen Jungen wie Joel. Immerhin hatte er es geschafft, seit Weihnachten fast achtzehn Dollar zurückzulegen.

Aber jetzt hatte er einen Vertrag mit seiner Mutter wegen des alten Katers geschlossen, und deshalb mußte er Geld verdienen. Es gehörte nämlich zu dem Vertrag, daß er den Kater ganz allein ernähren mußte – von seinen eigenen Mahlzeiten oder aus der eigenen Tasche.

Nach einem hitzigen Streit am Abend zuvor hatten seine Mutter und er sich geeinigt: Sie erlaubte ihm, einen Platz für den alten Kater in der Garage herzurichten. Er war sehr froh darüber, denn im Frühjahr regnete es viel, und der Wind vom See konnte sehr kalt sein. Freilich hatte er selber bei diesem Handel noch mehr draufzahlen müssen. Er mußte in Zukunft ohne Murren und Meutern auf seine kleinen Geschwister aufpassen, sobald sie aus dem Kindergarten nach Haus gebracht wurden, und zwar so lange, bis seine Mutter von der Arbeit heimkam.

Am nächsten Morgen gab sie ihm einen Fetzen von einer alten Decke.

„Damit kannst du hinten in der Garage für deinen alten Kater auf dem Fußboden ein Lager machen."

„Nicht auf dem Fußboden, Ma. Katzen haben lieber kleine Kästen oder erhöhte Plätze."

„Dann häng ihn an den Kronleuchter – aber sorg selber für den Kronleuchter. Paß nur auf, daß mir der Kater nicht ins Haus kommt! Ich warne dich. Ich will das Tier niemals im Haus antreffen!"

Sie stieg in den Wagen und steckte den Schlüssel ins Zündschloß. Auf dem Rücksitz prügelten sich schon die Rabauken.

„Ich muß die Gören in den Kindergarten bringen, bevor sie sich gegenseitig die Köpfe einschlagen. Und paß auf, daß du nicht zu spät zur Schule kommst, nur weil du mit diesem alten Kater herumtrödelst."

Sie setzte schon zurück, da stoppte sie noch einmal und drehte das Fenster für ein letztes Wort herunter.

„Ich begreif' das einfach nicht. Du bist doch sonst immer so wählerisch. Was findest du bloß an diesem kaputten alten Vieh von Kater? Wenn es wenigstens ein hübsches sauberes Kätzchen wäre ..."

Joel faltete die Decke zusammen, die sie ihm gegeben hatte, und legte sie auf das Werkzeugregal, ehe er zu seiner Mutter ans Auto ging.

„Er ist einmal ein hübsches sauberes Kätzchen gewesen, Mom", sagte er. „Es ist nicht seine Schuld, daß ihn niemand aufgenommen hat. Ich möchte wissen, ob er überhaupt mal ein Zuhause gehabt hat. Vielleicht ganz früher, als er klein war. Vielleicht hat sich ein Sommergast um ihn gekümmert. Als er dann groß wurde, haben sie ihn – abserviert."

„Ausgesetzt heißt das. Wann wirst du endlich wie ein anständiger Mensch reden. Man sollte meinen, du hast überhaupt kein bißchen Bildung!"

Sie fuhr das letzte Stück rückwärts und auf die Gasse.

„Benimm dich – und einen schönen Tag!" rief sie.

„Dir auch, Mom!" gab er zurück.

Joel sah ihrem Wendemanöver zu und wartete, bis der Wagen am Ende der Straße verschwand. Dann lief er in die Garage und nahm Hammer und Meißel vom Werkzeugregal.

Die Garage war meistens leer. Nur wenn der Wetterbericht ein schweres Gewitter vorhersagte, wurde der Wagen hineingestellt. Wie die meisten anderen Autos in dieser Häuserreihe blieb er draußen in der Auffahrt stehen, und die Garage wurde zum Abstellplatz für Sachen, für die man im Haus keinen Platz hatte. Das meiste, was rundherum aufgestapelt war, gehörte Joel. Er hatte kein eigenes Zimmer und schlief auf dem Sofa im Wohnzimmer. Das fand er weniger schlimm, als das kleine Kinderzimmer mit den Rabauken zu teilen. Deswegen bewahrte er seine Sachen in der Garage auf. In der hintersten Ecke stand eine alte Eßzimmeranrichte.

Sie hatte einige Schrankfächer, die verschließbar waren. Nur er hatte den Schlüssel dazu. Darüber war ein winziges Fenster. Es ging auf die Gasse hinaus. Auf der anderen Seite stand die große Mülltonne genau unter dem Fenster.

Das Fenster war so schmutzig und von Spinnweben überzogen, daß bisher noch niemand bemerkt hatte, daß die Scheibe ein Loch hatte – niemand außer Joel. Er kletterte auf die Anrichte und schlug den Rest des Glases heraus. Er machte die Arbeit sehr sauber. Dann nahm er Handfeger und Schaufel und fegte die Glasscherben drinnen in der Garage und draußen auf der Gasse zusammen.

Wenn er den Kater jetzt noch dazu bringen konnte, das Fenster als Eingang zu benutzen, würde er ein Stück Plexiglas kaufen und es oben mit Klebeband festmachen, so daß die neue Scheibe nach beiden Seiten schwingen konnte. Dann konnte der Kater von der Gasse aus kommen und gehen, wie es ihm gefiel.

Joel räumte schnell auf, nahm das Schulbrot vom Küchentisch, schwang sich aufs Fahrrad und sauste zur Schule.

An diesem Nachmittag kümmerte er sich sehr gewissenhaft um die Rabauken. Er las ihnen ein Geschichte vor, machte Fingerspiele mit ihnen und verließ das Zimmer nicht ein einziges Mal, während die Kleinen eine Fernsehsendung sahen. Dann machte er Hamburger für sie, wärmte eine Büchse mit gemischtem Gemüse auf, goß ihnen Milch ein und versuchte zu verhindern, daß die dreijährige Bitsy ihren Becher umkippte. Da ihm das nicht gelang, wischte er die verschüttete Milch auf und goß ihr neue ein.

Der vierjährige Seth hatte, wie gewöhnlich, die Mohrrüben aus seinem Gemüse herausgepickt und wollte sie nicht aufessen. Joel spielte ein ermüdendes Spiel mit ihm. Sie zählten die übriggebliebenen Mohrrübenstückchen, bis keins mehr da war. Dann kriegten die beiden Schokoladenpudding. Er hatte sie gerade gebadet, als seine Mutter nach Hause kam. Nun kümmerte sie sich um die zwei, und Joel konnte endlich nach dem alten Kater suchen.

Er hatte neunundzwanzig Cent für eine Dose Katzenfutter ausgegeben. Das war eine Menge Geld, und er hoffte, daß er bald Arbeit fand und etwas verdiente. Der Gedanke, sein Mikroskop-Geld ausgeben zu müssen, paßte ihm gar nicht.

Seine Mutter war dagegen, daß der Kater von einem Teller fraß, deshalb kippte Joel das Katzenfutter in den Deckel eines alten Plastikbehälters und ging hinaus.

Ob der Kater überhaupt wiederkommen würde? Womöglich hatte ihn der Zwischenfall gestern abend ganz verschreckt. Vorsichtig schlich Joel zur Garagenecke und fing langsam und leise an zu sprechen: „Na, komm, alter Kater! Komm, ich kann jetzt für dich sorgen. Komm nur, sei mein Kater. Wir wollen Freunde werden, wie ich dir gesagt habe. Komm ...“

Der alte Kater lag auf dem Deckel der Mülltonne und starrte auf die Garagenecke. Als er Joel kommen sah, zog er sich zum Sprung zusammen, beobachtete den Jungen, sprang aber nicht.

Einen Augenblick sahen sich Joel und der Kater an. Es war ganz still. Dann brach der alte Kater das Schweigen mit seinem üblichen Zischen.

„Bin ich froh, daß du da bist“, flötete Joel. Der Kater antwortete mit leisem Schnurren, die Augen immer noch auf den Jungen gerichtet.

„Guck mal an, du kannst ja schnurren, alter Kater.

Hast du gesehen, ich habe dir dein Fressen gebracht – etwas Besonderes, nur für Katzen. Kostet neunundzwanzig Cent, muß also gut sein."

Der Kater antwortete. Joel war glücklich darüber.

„Mann! Wenn du doch nur Englisch sprechen könntest!" sagte er. „Ich wüßte wirklich gern, was du sagst. Bestimmt fluchst du schon viel weniger. Mir klingt's wie ‚Teufel noch mal!' Aber wahrscheinlich hast du einen noch besseren Fluch!"

Joel bewegte sich sehr langsam und hörte nicht auf zu reden. Er streckte dem alten Kater den Plastikteller hin. Der Kater wollte nicht kommen, „antwortete" jedoch weiter auf den Singsang des Jungen.

„Okay, ich versteh' dich." Joel stellte den Teller auf die Erde und trat ein paar Schritte zurück, dann setzte er sich mit angezogenen Knien hin. Der alte Kater sprang von der Mülltonne herunter und fing gierig an zu fressen. Nun „redete" er nicht mehr.

„Die Wunde da sieht häßlich aus, mein Alter, ganz scheußlich. Damit siehst du aus wie ein richtiger Rowdy. Du bist sowieso nicht mit Schönheit geschlagen, aber mit dieser geschwollenen Wunde könntest du einen Engel so erschrecken, daß er die Hosen verliert." Der alte Kater leckte den Teller sauber, dann setzte er sich auf die Hinterpfoten und fing an, sich zu waschen. Als Joel langsam eine Hand ausstreckte, um ihn zu berühren, schob er sich zur Seite und stand auf. Er drehte sich um und ging ruhig, den Schwanz aufgestellt, die Gasse hinunter.

3

Jeden Abend wartete der alte Kater auf der Mülltonne. Wenn es regnete, stellte Joel eine große braune Pappschachtel wie eine offene Garage auf und schob den Teller mit dem Futter hinein, so daß Kater und Futter während der Mahlzeit geschützt waren.

Eines Abends entschloß sich Joel zu bleiben, wo er war. Statt sich wie sonst zurückzuziehen, stellte er den Teller hin und setzte sich daneben.

„Es wird allmählich Zeit, daß du mich beim Essen duldest, alter Freund. Ich füttere dich nun schon ganz schön lange. Ich kauf' dir dein Futter von meinem Taschengeld und serviere es dir genau so, wie es dir gefällt. Dann kannst du ja wohl wenigstens neben mir fressen. Ich werde dich auch nicht anfassen – noch nicht."

Nach einer Weile war der Hunger des Katers offenbar größer als sein Mißtrauen. Er sprang von der Mülltonne herunter, immer noch ein wenig knurrend, und fraß sein Futter, nur wenige Zoll von Joels Hand entfernt.

Joel bemühte sich, keine Bewegung zu machen, die den alten Kater erschreckte. Er ließ die Hand ganz entspannt neben dem Futter liegen. Der Kater beschnupperte die Hand. Er kam zu dem Ergebnis, daß sie keine Bedrohung für ihn bedeutete, und beachtete sie nicht. So ging das einige Tage, bis er eines Abends, bevor er sich ans Fressen machte, die Finger abermals beschnupperte. Plötzlich drückte er die Stirn gegen Joels Handgelenk. Vorsichtig drehte der

Junge die Hand um und streichelte den alten Kater unterm Kinn. Seine Finger bewegten sich langsam zum Ohr hin, doch als Joel versuchte, den Kopf von oben zu streicheln, zog sich der Kater zurück.

„Okay, alter Freund – du darfst bestimmen. Ich tu' einfach, was du willst. Zeig's mir nur! Zeig's mir, mein Alter! Zeig's mir, zeig's mir!"

Seine Hand lag wieder still. Abermals drückte der Kater die Stirn gegen den Arm des Jungen.

Joel spürte, wie sich ihm die Kehle zuschnürte. Er hörte mit seinem Singsang auf und schluckte die Tränen runter. Der alte Kater fuhr mit dem Kopf an seinem Arm hinauf und grub ihn in Joels Achselhöhle. Plötzlich ließ er von Joel ab und streckte sich auf dem Boden aus. Er rollte sich auf den Rücken und drehte sich von einer Seite zur andern. Als Joel die Hand diesmal unter sein Kinn schob, schlossen sich die Vorderpfoten des Katers mit eingezogenen Krallen darüber. Die Hinterfüße schlugen sanft, schnell und spielerisch gegen Joels Arm.

Joel schluckte.

„Ich hab' dir ja gesagt, wir werden Freunde, hab' ich's nicht gesagt?" flüsterte er. „Du und ich, wir werden gut miteinander auskommen, da bin ich ganz sicher. Ich bin dein Mensch, und du bist mein alter Kater, okay? Mein Kater, mein alter Kater!"

Schließlich hörte der Kater auf zu spielen und wandte sich seiner Mahlzeit zu, aber nun ließ er sich von Joel streicheln, während er fraß.

Als der Kater fertig war und sich gewaschen hatte, stand Joel auf.

„Bleibst du jetzt hier und wohnst in meiner Garage? Ich hab' dir ein prima Bett gemacht. Wirst du bleiben, alter Kater? Es ist wirklich ein guter Platz, den ich für dich vorbereitet habe, komm nur, komm!"

Der Kater rieb sich an den Knöcheln des Jungen und schlängelte sich zwischen seinen Füßen hindurch. Schwanz und Hinterteil an Joels Knie gepreßt, rieb er das zernarbte Gesicht an Joels Fuß, bis er die Balance verlor und sich in einem Purzelbaum überschlug.

„Du alter Clown, du!" Joel lachte und rieb dem Kater den Bauch. „Du hast immer noch Flausen im Kopf, stimmt's, mein Alter? Nach alldem, was du durchgemacht hast, armer Kerl. Komm, laß mich mal deine Narbe ansehen."

Er kniete neben dem Kater und betrachtete aufmerksam die angeschwollene Narbe, die sich durch die Augenbraue, über das Auge und die Wange hinabzog. „Dein Auge sieht nicht gut aus, alter Freund. Es ist verschleiert, als ob Schaum drüber wäre. Wenn ich bloß wüßte, was man da tun kann – ich möchte dir so gern helfen."

Joel streichelte den alten Kater noch eine Weile, dann versuchte er ihn zum Garagenfenster zu locken. Er holte das Stück von der alten Decke aus der Garage und ließ den Kater daran riechen. Nachdem der Kater es gründlich überall beschnuppert hatte, stieg Joel auf die Mülltonne, griff durchs Fenster und ließ die Decke auf die Anrichte fallen. Als der Kater keine Anstalten machte, hinter der Decke her durch das

Fenster zu springen, ging Joel wieder in die Garage und rief: „Komm, alter Kater, komm doch rein, komm, sieh dir deinen Platz an, deinen Schlafplatz, prima warm und gemütlich. Komm nur!"

Der alte Kater sprang auf die Mülltonne und dann in das Fenster. Eine Weile balancierte er auf dem Fensterbrett. Er kam jedoch nicht zu Joel auf die Anrichte herunter, sondern drehte sich um und sprang wieder auf die Gasse.

Er hatte offenbar nicht das geringste Interesse an einer Unterkunft, und schließlich ging Joel auch wieder zu ihm hinaus.

„Ich muß dir wohl mal wieder deinen Willen lassen, was? So wie immer." Joel seufzte. „Hoffentlich bleibst du wenigstens in der Gegend. Und nun zeig mir, was du am liebsten magst."

Doch nach einer Weile hatte der Kater offenbar genug vom Streicheln. Er stand auf, wandte Joel den Rücken und wanderte mit anmutiger Würde die Gasse hinunter. Inzwischen war es fast dunkel geworden. Der Mond stieg über die Bäume jenseits des Sees, und die Sterne blitzten.

Von da an verbrachten Joel und der alte Kater jeden Tag mehr Zeit miteinander, so als ob sie ihre Zeit an den länger werdenden Tagen mäßen. Joel versuchte oft, den Kater für einen Strick oder einen Ball zu interessieren, doch der alte Kater schien sich nichts anderes zu wünschen als Zärtlichkeit. Es war, als ob er in seinem Inneren so viel ungenutzte Liebe aufgespeichert hätte, daß er sie nicht mehr zurückhalten konnte. Wenn sich Joel hinsetzte, war der Kater sofort auf seinem Schoß, drückte sich ihm in die Arme, schlug nach ihm, die Krallen eingezogen, grub ihm den Kopf in die Achselhöhle oder in die Armbeuge und leckte Joels Haut. Er „sprach" nicht mehr viel, nur wenn er ankam und um sein Futter bat, aber er schnurrte fast ununterbrochen, bis er meinte, er müsse gehen. Dann schlenderte er davon, stets in die gleiche Richtung, stets langsam, den Schwanz aufgerichtet und von seltsamer Schönheit.

Am Zaun auf der anderen Gassenseite wuchs eine Kletterrose. Die Rosen standen jetzt in voller Blüte. Sie rankten über den Zaun und blühten in einem Dickicht von Unkraut und hohem Gras, das überall am Rand der Gasse wuchs. Wenn der alte Kater vorbeilief, berührte er die Blüten, und es sah aus, als genieße er ihren Duft, ihre Weichheit und ihre Farbe. Manchmal waren Kater und Rosen von Mondlicht übergossen, und Joel versuchte andächtig, sich dieses Bild einzuprägen, damit er es niemals vergaß.

Die mutige Katze

Eine Katze spielte einmal mit ihren Jungen in der Frühlingssonne vor einer Stalltür. Da schoß ein großer Habicht aus der Luft herab und ergriff eins der Kätzchen. Die Mutter sprang grimmig auf ihn los und wehrte sich für ihr Junges. Der Habicht ließ es fahren und wandte sich gegen die Katzenmutter. Es entbrannte ein heftiger Kampf. Der Habicht behielt durch seinen mächtigen Flügelschlag und durch seinen spitzen Schnabel und seine scharfen Klauen einige Zeit die Oberhand, zerfleischte die alte Katze jämmerlich und hackte ihr ein Auge aus. Sie verlor aber den Mut nicht, hielt ihren Gegner mit den Krallen fest und durchbiß ihm den rechten Flügel. Nun hatte sie zwar mehr Gewalt über ihn, aber der Habicht war noch immer sehr stark, und der Streit dauerte fort. Die Katze war beinahe erschöpft. Sie raffte sich nochmals auf und brachte durch eine schnelle Wendung den Habicht unter sich. Siegreich biß sie ihrem gefährlichen Feinde den Kopf ab. Dann lief sie, ohne des Verlustes ihres Auges und ihrer Wunden zu achten, zu ihrem übel zugerichteten Kätzchen, leckte ihm die von Blut triefenden Wunden ab, die ihm von den Krallen des Habichts geschlagen worden waren, und schnurrte, es liebkosend, als wenn nichts vorgefallen wäre.

Osaragi Jirō

Das Zirpkätzchen

Es war Herbst geworden, und viele Zikaden* kamen in den Garten, um zu singen. Am Mittag, wenn die Sonne strahlte, tönten vom Baumschatten her und aus dem Gras heraus ihre dünnen Stimmchen; sobald aber dann die Sonne verschwand und es langsam Abend wurde, vereinigten die Suzu-, Matsu- und Suitcho-Zikaden ihre Stimmen und begannen um die Wette zu zirpen.

Die Katzenmutter nahm ihre Kinder mit auf die Veranda hinaus und hörte sich das Zirpen an. „Ihr dürft die Zikaden wohl fangen, doch essen solltet ihr sie nicht. Ihr kriegt Bauchweh, wenn ihr es tut; es gibt nämlich auch schlechte Insekten", warnte sie die Kinder.

Die Jungen hörten der Mutter artig zu. Doch eines der drei Kätzchen, ein weißes, gar schelmisches, dachte sich beim Anhören des Zikadengesangs: „Hm, Insekten, die so schön singen, müßten eigentlich ganz gut schmecken ..."

Wenn der Meister dieses weiße Kätzchen rief, nannte er es Shirakichi, und so wollen auch wir ihm diesen Namen geben.

Alle waren nun langsam in den Garten hinabgestiegen und begannen zu spielen. Shirakichi aber lauschte und spähte nach der Stelle, wo die Zikadenstimmen

---

*Zikaden = kleine Insekten, die vor allem nachts Zirplaute von sich geben

zu vernehmen waren, und schlich unbemerkt davon. Sachte setzte es einen Fuß vor den anderen, doch sobald es sich den Zikaden näherte, hörten sie auf zu singen, und es wußte nicht mehr, wo sie waren.

Wie oft es Shirakichi auch versuchte, es hatte kein Glück. Geduldig kauerte es sich hin und wartete, bis es dunkel wurde. Bei Nacht rief die Katzenmutter die Kinder: „Kommt heim, es ist Zeit zum Schlafen. Morgen ist wieder ein Tag." Alle Kätzchen rannten schnell ins Haus, nur das weiße Shirakichi blieb unter einem Baum sitzen, weil es sich vorgenommen hatte, eine Zikade zu verspeisen.

Da ging der Mond am Himmel auf. Als wären sie darüber begeistert, erhoben die Zikaden sogleich ihre schönen Stimmen und begannen zu singen. Das weiße Kätzchen trat ins Mondlicht. Augenblicklich verstummten die Zikaden wieder und zirpten nur in der Ferne weiter. Also blieb Shirakichi nichts übrig, als still zu sitzen und darauf zu warten, ob es nicht doch einmal an die Zikaden herankommen könnte.

Und da saß es nun und lauschte mit seinen zarten, gespannten Öhrchen der Zikadenmusik.

Allmählich wurde es müde und nickte ein. Ein herrliches Gefühl, bei diesem Zirpkonzert so dahinzudämmern – am Himmel bloß der helle Mond.

Mit der Zeit sank dem Kätzchen der Kopf vornüber; als es mit der Nase am Boden aufschlug, öffnete es erschrocken die Augen. Weil es wirklich sehr, sehr müde war, gähnte es ausgiebig. In das aufgesperrte Maul sprang etwas hinein und ging unbemerkt hinunter. Oje, war das nicht eine Zikade? dachte es unvermittelt und ärgerte sich, daß es das Ding, ohne zu beißen, verschluckt hatte und nun nicht wußte, wie es schmeckte.

„Ich bin müde, ich möchte schlafen gehen", sagte es und kehrte ins Haus zurück.

„Wo warst du?" fragte die Katzenmutter. „Rasch, leg dich jetzt hin." Und sie leckte Shirakichi liebevoll das Fell am Kopfe. Es schmiegte sich nun auch an die kuschelig weiche Brust der Mutter und schlief sogleich ein.

„Hier gibt es doch bloß Katzen. Woher ruft denn eine Zikade mit lauter Stimme ‚suitcho'?" Shirakichi hob erstaunt den Kopf. Als es umherschaute, richteten sich auch die anderen Kätzchen auf und blickten verwundert um sich. Aber es gab hier keine Zikaden, und da man die Stimme kein zweites Mal hörte, schliefen die Kätzchen ruhig wieder ein.

Doch plötzlich tönte es von neuem, mit ungewöhnlich lauter Stimme, „suitcho".

Weil Shirakichi glaubte, daß das Suitcho unter seinem Bauch singe, sprang es rasch auf und begann zu suchen. Nirgends fand es auch nur das Geringste. Und trotzdem, das Suitcho zirpte wieder. Also war es doch unter dem Bauch! Shirakichi drehte und wendete sich, als wollte es seinen Schwanz fassen, aber es konnte einfach nichts finden.

Die Katzenmutter öffnete die Augen und schaute Shirakichi an. Dieses ließ den Kopf hängen und grübelte: „Das ist so seltsam."

Wenn Shirakichi aufhörte, sich zu drehen, und

ruhig nachdachte, sang das Suitcho wieder. „Suiiitcho, suiiitcho", rief die laute Stimme, und sie kam aus
Shirakichis Bauch.

Shirakichi erschrak und sprang ziellos herum. In
dem Moment setzte der Suitcho-Ruf aus, doch sobald
Shirakichi still stand, ging es im Bauch drin wieder
los: „Suiitcho, suiitcho."

Shirakichi ängstigte sich mehr und mehr und rannte
wie von Sinnen.

Es war eine verflixte Sache. Wenn Shirakichi umher-
raste, hüpfte und sich wie toll gebärdete, fürchtete
sich die Suitcho-Zikade im Bauch drin und schwieg.
Sobald sich Shirakichi beruhigte, hob sie abermals
mit lauter Stimme zu singen an, und Shirakichi
sprang erschreckt in die Höhe. Wenn das weiße Kätzchen sich schlafen legen wollte, fing das Suitcho
gleich wieder zu zirpen an und hörte nicht auf. Denn
da es in einem Katzenbauch drin finster ist, meinte
die Zikade, es sei immer Nacht.

„Es ist viel zu lärmig", murrten die Geschwister.
„Wenn Shirakichi neben uns liegt, können wir nicht
schlafen; geh doch weg."

Shirakichi fühlte sich verstoßen; es wurde traurig
und litt jetzt – wie die Menschen sagen – an Schlaf-
losigkeit. Wenn es sich fortbewegte, schwankte es, als
ob es Reiswein getrunken hätte. Dann aber hatte der
Suitcho-Kerl Lust zu singen.

Shirakichi wurde es ganz elend zumute; es weinte
bitterlich und sagte zur Mutter: „Ich brauche mein
Gesicht nicht mehr zu waschen."

Da ging die Mutter mit Shirakichi zum Doktor. Der Doktor war ein alter Tigerkater mit einem prächtigen Bart. Die beiden traten ins Sprechzimmer, und als die Katzenmutter Shirakichis Zustand schilderte, sagte er: „Ich bin zwar schon lange Doktor, aber diese Krankheit ist mir neu. Hast du vielleicht Fieber?", und er kniff Shirakichi ins Ohr. Ein Katzenohr ist immer kalt, aber falls etwas nicht stimmt, wird es heiß. Greift man also einer Katze ans Ohr, kann man feststellen, ob sie Fieber hat oder nicht.

„Das Ohr ist kalt, demnach wird's nichts Schlimmes sein", meinte der Doktor, „zeig mal deine Zunge, aaah."

Shirakichi rümpfte die Nase und öffnete folgsam das Mäulchen. Daraus tönte plötzlich ein kurzes „Suitcho". Der Tigerkater erschrak. Sein Bart wurde spitz, und seine Augen wurden so groß wie Teller. „Wahrhaftig, es rief ,suitcho'."

Shirakichi machte ein bekümmertes Gesicht wie ein Schwerkranker. Der Tigerkater-Doktor schaute verwirrt drein, strich sich über den Bart, und wie er so nachdenklich schwieg, wurde es Shirakichi eng ums Herz.

„Wird man es heilen können, Herr Doktor?" fragte die Katzenmutter.

„Warten Sie nur, ich versuche es einmal mit dem Stethoskop. Leg dich bitte dorthin, und zeig mir deine Brust." Shirakichi drehte sich um. Der Doktor steckte sich das Stethoskop in die Ohren und hielt es an Shirakichis Brust. „Tief atmen." Da machte es wieder „suitcho", und abermals erschrak der Doktor und

48

ließ beinahe das Stethoskop fallen. „Das ist ja furchtbar, eine solche laute Stimme. Ein Insekten-Abführmittel wäre wohl das richtige, aber das tut weh, und ich weiß nicht, was gegen ein Suitcho wirksam ist. Ja, gute Mutter, soll ich die Wahrheit sagen: Es wäre das beste, wenn ihr Kind einen lebendigen Spatzen oder einen Kanarienvogel fräße, damit der in seinem Bauch drin die Zikade verzehrt. Da dieses Kind aber noch zu klein ist, wird das wohl kaum gehen. Ich könnte operieren und das Suitcho mit den Pfoten herausnehmen, aber das ist ein schwieriger Eingriff ..."

Als darauf die Katzenmutter besorgt fragte: „Meinem Kind soll der Bauch aufgeschnitten werden?", brach das kleinmütige Shirakichi in Tränen aus. Aus Angst vor dieser Stimme verhielt sich das Suitcho wieder ruhig.

Der Tigerkater-Doktor setzte noch einmal das Stethoskop an, horchte und bemerkte: „Es scheint etwas besser geworden zu sein. Ich gebe dir ein Abführmittel, und dann werden wir sehen, ob es etwas nützt."

Shirakichi trank das Abführmittel. Trotzdem sang die Suitcho-Zikade weiter.

Als das Mädchen, das die Katzen fütterte, Shirakichis Suitcho-Stimme hörte, sagte es: „Ach, eine Zikade ist ins Haus gekommen", und Shirakichi verdrückte sich verlegen in den Hausflur.

Später ging es in den nächtlichen Garten und setzte sich unter jenen Baum, wo es Zikadenstimmen vernahm. Wie es so ruhig dasaß, sang das Suitcho im Bauch drin mit herrlicher Stimme, so daß die Suzu-

und Matsu-Zikaden ringsum friedlich mithielten, ohne die Katze zu bemerken. Wo immer das weiße Kätzchen spazierte, es war stets von schönem Zikadengesang umgeben. Noch und noch hätte es Gelegenheit gehabt, Zikaden zu fangen. Doch Shirakichi war die Lust vergangen, singende Insekten zu verspeisen; sie waren ihm völlig gleichgültig geworden.

An einem Abend aber, als es kurz nach dem Einschlafen wieder erwachte, war das Suitcho im Bauch drin endgültig verstummt. Es sang nicht mehr, sosehr auch Shirakichi darauf wartete. „Mutter!" rief es, „das Suitcho hat aufgehört zu singen."

„So ist es richtig", antwortete schlaftrunken die Mutter, und da sie meinte, es sei von den Zikaden draußen die Rede, fuhr sie fort: „Es wird eben langsam Winter. Wenn Rauhreif fällt, werden die Zikaden immer seltener."

Nach diesen Worten achtete sie noch darauf, daß sich die Kinder nicht erkälteten, schloß dann wieder die Augen und schlummerte behaglich weiter. Alle Katzen rückten zusammen und schliefen ein.

Es war ein kühler Abend, an dem man gern ein Holzkohlenbecken aufgestellt hätte.

Und wirklich, der Winter schien bald zu kommen. Die Katzenkinder, die erst in diesem Sommer geboren wurden, hatten noch keinen Winter erlebt; sie kannten weder Rauhreif noch Schnee. Aber wenn sie gesund bleiben, wird es ihnen auf dieser Welt gefallen; und weil sie wissen, was gut ist, schlafen sie fest, damit sie morgens gern aufstehen. Sooft sie in der

Frühe die Augen öffnen, beginnt ein neuer Morgen, der anders ist als der gestrige.

Auch Shirakichi, das sich bis zum Herbst des kommenden Jahres nicht mehr an die Suitcho-Geschichte erinnert, wird morgen bei strahlender Herbstsonne fröhlich im Garten herumtollen.

Simone Berson

Die Katze im Schnee

Es war zehn Uhr abends. Trotz der strengen Kälte fiel Schnee, nicht jene dicken Flocken, die die Erde in schützende Watte einmummen, sondern ein Schnee wie lauter spitze Nadeln, der sich, so fein er war, auf dem hartgefrorenen Boden häufte.

Ich war auf dem Heimweg und hielt den Kopf gesenkt, um das Gesicht vor den eisigen Stichen zu schützen und weil die Müdigkeit mir schwer in den Gliedern lag. Und im Nordwind, der diesen gefrorenen Staub um mich her wirbeln ließ, dachte ich an die Wärme meines Zimmers, meines Bettes, meines Schlafes; ja, der Schlaf erschien mir wie ein warmes Loch, in das ich mich kuscheln wollte. Schlafen!

Endlich meine Straße! Ein Schritt, noch ein Schritt, das Haustor. Ich stieß es auf. Nun brauchte ich nur noch den Fahrstuhl zu nehmen und war daheim.

In diesem Augenblick hörte ich ein Miauen, einen hellen, wenn auch schwachen Schrei. Ich wandte mich um, suchte die Straße und den Gehsteig ab. Nichts! Übrigens hatte der Schrei auch viel näher geklungen. Und dann sah ich sie, im Hausflur selbst, gegen den Heizkörper geduckt: eine junge Katze. Die der Hausmeisterin zweifellos ...

Ich klopfte ans Fenster ihrer Loge: „Madame!" und zeigte ihr das Tier.

Sie schüttelte den Kopf.

„Es gehört mir nicht. Das muß eine Katze sein, die

52

sich verlaufen hat und hier untergekrochen ist. Sie wissen doch, daß laut Mietvertrag das Halten von Tieren verboten ist. Wir müssen sie wieder vor die Tür setzen."

„Was Ihnen einfällt", sagte ich in einer Anwandlung von Widerspruchsgeist und Mitleid. „Bei der Kälte, bei dem Schnee brächte ich das nie über mich."

Das Tier tauschte die Wärme der Heizung gegen die meiner Kleider und rieb sich am Saum meines Mantels. Es war ein junges Kätzchen von etwa drei Monaten, von unbestimmter Rasse, aber schön getigert, mit den zarten Formen, die Katzen in diesem Alter haben, sobald die Fellknäuel, als die sie zur Welt kommen, sich zu strecken beginnen; und seine Augen von der Farbe der Muskatellertrauben richteten sich voll Vertrauen auf mich.

„Ich brächte das nie über mich", wiederholte ich im Ton einer leichten Herausforderung. „Ich will sie lieber bis morgen zu mir nehmen."

„Wie Sie wollen, Madame", stimmte die Hausmeisterin nun bei, „obwohl es im Mietvertrag untersagt ist. Doch für eine Nacht mag es schließlich angehen. Ihr Miauen wird Sie aber nicht schlafen lassen."

Und ich, mit meinem schweren Kopf und den kältestarren Gliedern, hatte doch keinen anderen Wunsch! Da sie fühlte, wie ich schwankend wurde, fuhr sie lockend fort: „Wahrscheinlich gehört sie ohnehin jemandem in der Nachbarschaft, und ihre Herrin ruft sie gerade."

„In diesem Fall", sagte ich, „wird sie Witterung

nach ihrem Heim nehmen, sobald sie draußen ist. Versuchen wir's!"

Ich öffnete das Haustor. Die Katze kam und hockte sich auf die Schwelle, schnupperte am Schnee, setzte behutsam eine Pfote vor, dann die andere ... Indessen sprach ich ihr Mut zu: „Geh, meine Kleine! Such dein Haus, such!"

Sie lief ein Stück nach rechts, dann ein paar Schritte nach links – offenbar noch zu jung oder zu weit von ihrem Zuhause entfernt, um es wiederzufinden. Zuletzt kehrte sie in den Hausflur zurück, in dem sie schon einmal Obdach gefunden hatte.

„Nun gut, ich behalte sie also bei mir."

Ich nahm sie auf den Arm, fühlte ihre eiskalten Pfoten, ihr feuchtes Fell; und da, unter den Augen, die vertrauensvoll leuchtend fest auf die meinen gerichtet waren, öffnete sich plötzlich das rosige, schwarz umrandete Maul mit den noch ganz winzigen Zähnen zu einem kläglichen Miau.

Die Worte der Hausmeisterin fielen mir wieder ein: „Sie wird Sie nicht schlafen lassen." Ein Miau ist freilich nichts, aber zehnmal Miau, hundertmal, eine ganze Nacht lang in einem fort!

„Nun schweig schon still!"

Aber ach, sie miaute ohne Unterlaß auf meinem Arm und wußte nicht, die Unschuldige, daß dieses tierische Flehen unweigerlich ihre Verdammung herbeiführte. Wie würde es ihr im Kabinett neben meinem Zimmer ergehen! Wie würde sie sich dort verloren fühlen und weinend die Fußleisten, die Wände mit dem fremden Geruch entlangstreifen! Ich stellte mir die Beschwerden der anderen Mieter am nächsten Morgen vor, deren Nachtschlaf ihr Klagen gestört haben würde. Ich dachte nicht einmal an mein eigenes Erwachen, denn um zu erwachen, muß man erst einmal geschlafen haben, aber ich dachte an die letzte Stunde vor dem Aufstehen, an mein von den Schreien durchbohrtes Gehirn, das zu schlaff sein würde, um zu arbeiten.

Und indem ich ihr einen freundschaftlichen Klaps auf das Maul gab, um dem Miauen Einhalt zu gebieten, sagte ich feige: „Du wärst bei mir nicht glücklich, Kleine. Es ist besser, du versuchst, deine Herren zu finden."

Ich löste ihre Krallen aus dem Stoff meiner Bluse, in die sie sich gehakt hatten, und hatte den traurigen Mut, die Katze auf die Schwelle zurückzutragen.

„Such dein Haus, such!" ermahnte ich sie noch einmal.

Und noch einmal beschnupperte sie den Schnee, wagte sich hinein, lief wieder nach rechts – ein wenig weiter als beim erstenmal, schien mir; ich nahm den dunklen, weichen Fleck des Fells im Weiß der Umgebung aus, dann sah ich ihn nicht mehr, und schnell schloß ich das Tor, bevor das Tier wieder nach links lief und am Ende gar zur Schwelle zurückkehrte. So konnte ich mir einreden, daß es heimgefunden habe und ich seinetwegen nicht mehr besorgt zu sein brauchte.

Ich ging in meine Wohnung, zog mich aus, und nachdem ich festgestellt hatte, daß das Außenthermometer minus zwölf Grad anzeigte, schlüpfte ich ins

Bett und wurde mir nun erst meiner Erschöpfung so recht bewußt. Wie ich schlafen wollte!

Ich fiel auch wirklich in einen schweren Schlummer, aus dem mich ein Miauen aufschrecken ließ. Das war merkwürdig, denn wenn die Katze auf der Straße unten schrie, war es doch von meinem Zimmer aus, das auf die Gärten ging, nicht möglich, sie zu hören. Ich drehte mich um und schloß die Augen wieder. Das Miauen hörte nicht auf, füllte meinen Schädel mit seinen auf- und absteigenden, bald hellen, bald dunklen Tönen – unerträglich! Woher kam es? Ich mußte mir Gewißheit verschaffen.

War ich aufgestanden? Offenbar ja, denn vor meinen Blicken dehnten sich, unten in der Nacht, die Gärten in ihrer dämmerigen Weiße. Aber der schwarze Fleck der Katze war nirgends zu sehen. Wie hätte sie auch dorthin gelangen sollen, da ich sie ja auf die Straße gesetzt hatte und die hohen Mauern ringsumher ein unübersteigbares Hindernis bildeten? Es schneite und schneite, und das Thermometer war noch weiter gefallen. Es schien mir sagenhafte Temperaturen anzuzeigen: fünfundzwanzig, fünfunddreißig Grad unter Null. Ich schlotterte vor Kälte. Wozu sollte ich noch aufbleiben, da doch die Katze nirgends zu sehen war!

Aber ja doch, dort auf dem weißen Bettuch, unter dem ich lag. Nein! Nein! Auf der weißen Fläche des Schnees! Sie lastete auf meiner Brust, drückte mir fast das Herz ab. Nein, die Flocken waren es, die so schwer wogen, die mir das Herz erstarren ließen.

O diese sanften Augen von der Farbe der Muskatellertrauben, deren zutraulicher Schimmer mir eben noch gesagt hatte: „Ich verlasse mich auf dich. Du bist meine einzige Zuflucht." Jetzt waren sie giftgrün, diese Augen funkelten in smaragdenem Feuer, schossen Blitze, schweflige Flammen aus, eine Art Höllenhauch, der mir, dort auf dem Kopfkissen, die Wange versengte.

Ich hatte das Kätzchen nicht zu mir nehmen wollen, aus Angst vor seinen leisen Klagen, die vielleicht meinen Schlaf hätten stören können. Wie es sich nun rächte!

Nicht eine Sekunde wird es mich in Ruhe lassen. Es mußte viel Zeit verstrichen sein, denn die Katze war auf phantastische Weise gewachsen. Sie war ungeheuer groß, und die Haare sträubten sich auf ihrem Rücken, die Pupillen blitzten über den drohend entblößten Fangzähnen. Unter dem Gewicht ihres Hinterkörpers knackten meine Rippen, während stählerne Krallen, aus ihren samtenen Scheiden gestreckt, auf meine Kehle zuschossen ...

Über meinem Röcheln erhob sich triumphierend ein Miauen, in dessen schrillen Klang sich, zu meinem noch größeren Entsetzen, ein seltsamer metallischer Laut mengte – das Klirren eines Schlüssels, der ins Schloß gesteckt wird.

„Guten Morgen, Madame", sagte meine Aufwärterin, die soeben die Tür öffnete. „Haben Sie gut geschlafen?"

Und während sie die Schneeflocken abschüttelte, die an ihrem Mantel hängengeblieben waren, sagte sie: „Ich wäre auf der Straße unten fast über die Leiche einer kleinen Katze gestolpert. Sie muß in der Kälte eingegangen sein. Es hat ja tüchtig gefroren heute nacht."

Aus dem Französischen von Joachim A. Frank

Gustav Schwab

Wie durch eine Katze ganz Schilda abbrannte

In Schilda hatte es von alters her nie eine Katze gegeben, so daß es kein Wunder war, daß die Mäuse
immer mehr zunahmen und selbst im Brotkorb nichts
mehr vor ihnen sicher war. Was die Schildbürger nur
neben sich stellten, wurde von den Tieren zernagt,
und die Angst vor ihnen war groß.

Da begab es sich, daß ein fremder Wandersmann
durch Schilda kam. Er trug eine Katze auf dem Arm
und kehrte beim Wirt ein. Der Wirt fragte ihn, was
dies für ein Tier sei; und der Fremde sagte, es sei ein
Maushund. Nun waren die Mäuse in Schilda so
zahm, daß sie vor den Leuten gar nicht mehr flohen
und am hellen Tage ohne Scheu hin und her liefen.
Darum ließ der Wandersmann die Katze laufen, und
sie erlegte vor den Augen des Wirts nicht wenige der
Mäuse. Als der Gemeinde dies durch den Wirt
gemeldet wurde, fragten die Schildbürger den Mann,
ob ihm der Maushund wohl feil wäre, sie wollten ihn
gut bezahlen. Er antwortete, der Maushund sei ihm
zwar eigentlich nicht feil, weil er ihn zu gut gebrau-
chen könne, aber ihnen wolle er ihn doch für einen
billigen Preis ablassen. Und so forderte er hundert
Gulden dafür. Die Bauern waren froh, daß sie ihm die
Hälfte sofort bezahlten, die andere Hälfte sollte er
sich in einem halben Jahr holen kommen. Der Kauf
wurde eingeschlagen, und der Fremde trug den

Schildbürgern den Maushund in das Vorratshaus, in dem sie ihr Getreide liegen hatten, denn dort waren die meisten Mäuse.

Der Wanderer aber zog eilig mit dem Gelde davon, denn er befürchtete, der Kauf möchte sie reuen und sie möchten ihm das Geld wieder abnehmen.

Nun hatten aber die Bauern vergessen, zu fragen, was der Maushund esse. Darum schickten sie dem Wanderer eiligst einen nach, der ihn danach fragen sollte. Als nun der mit dem Gelde sah, daß ihm jemand nachlief, eilte er nur um so mehr. Der Bauer aber rief ihm von ferne zu: „Was isset er? Was isset er?" Der Fremde antwortete: „Wie man's beut! Wie man's beut!" Der Bauer aber verstand: „Vieh und Leut! Vieh und Leut!" Er kehrte sehr bestürzt um und brachte dem Rat die furchtbare Nachricht. Die Ratsherren waren noch viel mehr erschrocken und sprachen: „Wenn er keine Mäuse mehr hat, dann wird er unser Vieh fressen und endlich uns selbst, obgleich wir ihn mit unserem guten Gelde für uns gekauft haben!" Sie hielten deswegen einen Rat über die Katze und wollten sie töten. Es hatte aber keiner das Herz, sie anzugreifen. Endlich beschlossen sie einmütig, das Haus, in dem die Katze sich befand, mit zu vertilgen. Denn ein geringer Schaden wäre besser, als daß sie alle um Leib und Leben kämen. Und somit zündeten sie ihr Vorratshaus an.

Als aber die Katze das Feuer roch, sprang sie zum Fenster hinaus und rettete sich in ein anderes Haus, während das verlassene bis auf den Erdboden niederbrannte. Niemand war in größerer Angst als die

Schildbürger, da sie des Maushundes nicht Herr werden konnten. Sie hielten aufs neue Rat, kauften das Haus, in dem die Katze jetzt war, und zündeten es auch an. Aber die Katze sprang auf ein Dach, saß da eine Weile und putzte sich nach ihrer Gewohnheit mit der Pfote den Kopf. Die Schildbürger aber meinten, der Maushund hebe die Hand auf und schwöre, daß es solches nicht ungerächt lassen wolle. Da nahm einer einen langen Spieß, um nach der Katze zu stechen. Diese aber griff nach dem Spieß und fing an, daran hinabzulaufen. Darüber entsetzten sich die Bürger und die ganze Gemeinde, liefen davon und ließen das Feuer brennen. Dieses verzehrte den ganzen Marktflecken bis auf das letzte Haus, die Katze aber kam gleichwohl davon.

Die Schildbürger aber, die so ihre Heimat verloren hatten und sich auch vor der Rache des Maushundes fürchteten, zogen auseinander, der eine hierhin, der andere dorthin. Und seitdem gibt es Schildbürger in der ganzen Welt.

Patricia Highsmith
Mings größte Beute

Gerade hatte Ming es sich in der Kabine seiner Herrin am Fußende des Bettes bequem gemacht, als der Mann ihn am Kragen packte, die Kabinentür öffnete, ihn nach draußen auf Deck setzte und die Tür wieder zumachte. Die blauen Katzenaugen wurden weit vor Schreck und Zorn, mußten sich aber bis auf einen schmalen Schlitz gleich wieder schließen, denn das Sonnenlicht war zu hell. Dies war nicht das erstemal, daß man ihn so rücksichtslos aus der Kabine entfernte; und Ming wußte sehr wohl, daß der Mann das nur tat, wenn Elaine, die Herrin, es nicht merkte.

Ein schattiger Platz war jetzt auf dem Segelboot nicht zu finden, doch für Ming war die Hitze noch erträglich. Leichtfüßig sprang er auf das Kabinendach; dort lag hinter dem Mast das zusammengerollte Tau, das er als Ruheplatz schätzte – hier oben konnte man alles gut beobachten, und es ruhte sich auch schön in der Taumulde, sie schützte vor steifen Brisen und milderte, da sie in der Schiffsmitte lag, das plötzliche Schaukeln und Schwanken der „Weißen Lerche". Jetzt waren gerade die Segel gerafft worden, denn Elaine und der Mann hatten soeben ihren Lunch zu sich genommen; darauf folgte meistens eine Ruhestunde, und da wollte der Mann ihn nicht in der Kabine haben, das wußte Ming. Lunch war etwas Gutes; er hatte sich ebenfalls eine Mahlzeit einverleibt, die aus köstlich gegrilltem Fisch und etwas Hummer bestand. Nun lag er bequem zusammengerollt auf dem Tau und öffnete die Schnauze zu einem langen Gähnen; die schrägen Augen waren wegen des Sonnenglastes fast geschlossen, er blinzelte ein wenig und sah in der Ferne die hellbraunen Hügel und weißen Häuser und Hotels in der weiten Bucht von Acapulco. Auf der Wasserfläche zwischen dem Boot und dem Strand, wo Menschen herumplanschten, von denen hier nichts zu hören war, glitzerte die Sonne wie tausend kleine elektrische Lichter, die unaufhörlich aus- und angingen. Ein Mann auf Wasserskiern jagte vorbei und ließ eine weiße Gischtspur hinter sich aufsprühen. So viel Tatendrang, dachte Ming schläfrig. Er fühlte, wie die Sonnenwärme ihm tief ins Fell eindrang. Ming stammte aus New York, und Acapulco war für ihn unvergleichlich viel schöner als das Milieu seiner ersten Wochen. Er erinnerte sich an einen sonnenlosen Kasten, der Boden war strohbedeckt, und mit ihm zusammen saßen noch drei oder vier andere Kätzchen darin. Hinter dem Fenster sah man Riesen vorübergehen; manchmal blieb einer stehen und klopfte an die Scheibe, damit Ming aufblickte, und dann ging er weiter. Von seiner Mutter wußte er gar nichts mehr. Eines Tages erschien eine junge Frau, die angenehm roch; die nahm ihn mit sich, fort von dem scheußlichen Geruch nach Hunden, Medizin und Papageienkot. Sie bestiegen etwas, das, wie er jetzt wußte, ein Flugzeug war. Heute war er längst an Flugzeuge gewöhnt. Während des Fluges saß er immer auf Elaines Knien oder schlief in ihrem Schoß, und stets gab es etwas zu essen, wenn er hungrig war.

Elaine verbrachte viel Zeit in einem Laden in Acapulco, wo an den Wänden Kleider und Hosen und Badeanzüge hingen. Es roch dort frisch und sauber, in den Vasen und den Blumenkästen vorn an der Straße standen frische Blumen, und der Fußboden war aus kühlen blauweißen Fliesen. Ming durfte überall herumwandern, auch in den Patio hinter dem Laden, oder er konnte in seinem Körbchen schlafen, das in der Ecke stand. Draußen vor dem Laden schien die Sonne, und es war wärmer, aber da trieben sich oft böse Kinder herum, die ihn zu greifen versuchten, wenn er vor der Tür saß. Ruhe hatte er dort fast nie.

Am liebsten lag Ming in der Sonne, wenn seine Herrin ebenfalls auf einem der Liegestühle ausgestreckt lag, die zu Hause auf der Terrasse standen. Weniger lieb waren ihm die Gäste, die sie zuweilen einlud und die dann über Nacht blieben, viele Gäste, die aßen und tranken und bis in die Nacht hinein aufblieben, Klavier oder Schallplatten spielten und die ihn alle von Elaine fernhielten. Sie traten ihm auf die Pfoten, packten ihn manchmal von hinten am Kragen, bevor er entwischen konnte, so daß er sich winden und kämpfen mußte, um freizukommen; sie strichen ihm grob übers Fell oder machten irgendwo eine Tür zu, so daß er nicht hinauskonnte. Menschen! Ming fand sie alle gräßlich. Auf der ganzen Welt mochte er nur Elaine. Sie liebte ihn und verstand ihn auch.

Vor allem diesen einen Mann, der Teddie hieß, verabscheute Ming. Teddie war in letzter Zeit andauernd da, und die Art, wie er Ming ansah, wenn Elaine nichts merkte, mochte Ming gar nicht. Manchmal, wenn sie nicht in der Nähe war, murmelte Teddie etwas, das nach Drohung klang; das verstand Ming. Oder er wollte Ming hinausschicken. Ming nahm es alles gelassen und mit ruhiger Würde auf. Elaine war ja doch auf seiner Seite; der Störenfried war der Mann. In ihrer Gegenwart spielte er manchmal Theater und versuchte Ming zu hätscheln, doch Ming ließ sich darauf nicht ein, er drehte sich um und ging mit zierlichen Samtschritten in anderer Richtung fort.

Jetzt wurde Mings Schläfchen unterbrochen, die Kabinentür ging auf. Er hörte Elaine und den Mann lachen und reden. Der große feuerrote Sonnenball lag fast am Horizont. „Aber Ming – mein Kleines, Armes!" Elaine trat näher. „Du mußt ja fast gebraten sein bei der Hitze. Ich dachte, du wärst drinnen!"

„Ich auch", sagte Teddie.

Ming schnurrte, wie er es immer tat beim Erwachen. Behutsam nahm Elaine ihn auf den Arm und trug ihn nach unten in die Kabine, wo es kühl und schattig war. Dabei sagte sie etwas zu dem Mann, und keineswegs in sanftem Ton. Sie setzte Ming vor seinem Schüsselchen mit Wasser ab, und ihr zuliebe trank er ein wenig, obgleich er nicht durstig war. Er war tatsächlich etwas benommen von der Hitze und schwankte ein wenig.

Elaine nahm ein nasses Tuch und fuhr ihm damit sanft über das Gesicht, die Ohren und die vier Pfoten. Dann legte sie ihn vorsichtig auf das Bett, das nach ihrem Parfüm duftete, aber auch nach dem Mann, den Ming haßte. Jetzt zankten sich die beiden, das hörte Ming an dem Ton der Stimmen. Elaine blieb bei

Ming auf dem Bettrand sitzen, und nach einer Weile hörte Ming draußen ein klatschendes Geräusch: Teddie war also ins Wasser gesprungen. Ming hoffte, er werde dort bleiben, vielleicht sogar ertrinken, jedenfalls nie wiederkommen. Elaine trat mit einem Waschlappen an den Aluminiumausguß, ließ Wasser darauf laufen, drückte ihn aus, legte ihn auf das Bett und hob Ming hinauf. Sie brachte Wasser, und nun war Ming durstig und trank. Dann ließ sie ihn schlafen, während sie das Geschirr wegräumte – lauter vertraute Geräusche, die Ming gern hörte.

Platsch – platsch – platsch. Ming hörte Teddies nasse Füße oben an Deck und war sofort hellwach.

Der Streit fing wieder an. Elaine stieg die Stufen zum Deck hinauf. Ming blieb angespannt liegen, das Kinn noch auf dem feuchten Tuch, den Blick auf die Kabinentür gerichtet. Jetzt hörte er Teddies Schritte näher kommen. Ming hob ein wenig den Kopf; er wußte, hinter ihm gab es keinen Ausgang, er war in der Kabine gefangen. Der Mann blieb mit dem Badetuch in der Hand stehen und starrte Ming an.

Ming reckte sich, als wollte er gähnen; die Augen schielten etwas, und die Zunge schob sich ein wenig aus der Schnauze. Der Mann wollte etwas sagen, einen Augenblick sah es so aus, als werde er das zusammengerollte Badetuch Ming an den Kopf werfen, doch er zögerte und verschluckte, was er hatte sagen wollen. Dann schleuderte er das Badetuch in den Ausguß und bückte sich, um das Gesicht zu waschen. Es war nicht das erstemal, daß Ming ihm die Zunge herausgestreckt hatte. Oft hatten Leute gelacht, bei einer Party zum Beispiel, wenn Ming das tat, und das hatte Ming gefreut. Aber er spürte auch, daß Teddie es für eine feindliche Geste hielt, und deshalb streckte er ihm eigens mit Bedacht die Zunge heraus, während es ihm bei anderen Leuten oft unabsichtlich passierte.

Der Streit ging weiter. Elaine war dabei, Kaffee zu machen. Ming fühlte sich besser und stieg wieder auf Deck; die Sonne war nun untergegangen. Elaine ließ den Motor an, und das Boot glitt langsam auf die Küste zu. Ming hörte schon die Vögel singen; es waren sonderbare Rufe, die wie schrille Sätze klangen und die manche Vögel erst bei Sonnenuntergang hören ließen. Ming freute sich auf die Heimkehr in das Steinhaus oben auf der Klippe, sein und Elaines Heim. Er hatte es zu Hause bequemer als auf dem Boot, aber er kannte den Grund, warum sie ihn nie zu Hause ließ, wenn sie mit dem Boot wegfuhr: Sie hatte Angst, jemand könnte ihn wegholen oder sogar umbringen. Das verstand er. Sie hatten schon fast unter ihren Augen versucht, ihn zu greifen. Einmal hatte er unversehens in einem Sack gesteckt, und obgleich er wie ein Wilder kämpfte, hätte es ihm wahrscheinlich alles nichts genützt, wenn nicht Elaine selber den Jungen geohrfeigt und ihm den Sack entrissen hätte.

Ming hatte vorgehabt, noch einmal auf das Kabinendach zu springen, doch nach kurzem Blick beschloß er, seine Kräfte zu schonen; er legte sich mit eingezogenen Pfoten auf das noch sonnenwarme abfallende Deck und ließ den Blick über die näherkommende Küste schweifen. Vom Strand herauf kamen Gitarrenklänge. Die Stimmen der Herrin und des Mannes waren jetzt verstummt. Eine Weile übertönte das Chock – Chock – Chock des Motors die anderen Geräusch; dann hörte Ming, wie bloße Männerfüße die Stufen von der Kabine heraufkamen. Ming wandte nicht den Kopf, nur die Ohren legte er unbewußt ein wenig zurück. Er blickte über das Wasser vor sich und unter sich – es war nur einen Katzensprung entfernt. Sonderbar: von dem Mann hinter ihm kam kein Laut. Die Haare an Mings Hals sträubten sich ganz leicht. Er warf einen Blick über die rechte Schulter. Im gleichen Augenblick bückte sich der Mann und kam mit ausgebreiteten Armen auf ihn zu.

Ming war sofort auf den Füßen und sprang auf den Mann zu; da das Deck keine Reling hatte, blieb ihm kein anderer Weg. Der Mann hob den linken Arm und versetzte Ming einen Stoß vor die Brust, der ihn zurückschleuderte. Die kleinen Krallen kratzten über das Holz, doch die Hinterbeine rutschten über den Decksrand. Mit den Vorderfüßen klammerte sich Ming an das glatte Holz, das wenig Halt bot, während die Hinterbeine sich abmühten, einen Vorsprung zu finden und an der Seitenwand des Bootes hochzukommen, die sich – ungünstig für Ming – nach außen wölbte.

Der Mann trat vor, um mit dem Fuß Mings Pfoten vom Deckrand zu schieben, doch in diesem Moment kam Elaine die Treppe herauf.

„Was ist los? Ming!"

Mings kräftigen Hinterbeinen gelang es allmählich, ihn Schritt für Schritt an Deck zu hieven. Der Mann war niedergekniet, als wollte er ihm helfen. Elaine hatte sich ebenfalls auf die Knie niedergelassen und hielt jetzt Ming am Kragen.

Ming reckte sich, dann hockte er sich auf den Boden. Sein Schwanz war naß.

„Er ist über Bord gefallen", sagte Teddie. „Er ist immer noch groggy, siehst du. Einfach vornüber gefallen, als das Boot schaukelte."

„Die Sonne ist schuld. Armer Ming!" Elaine hielt ihn fest an sich gedrückt und trug ihn nach unten in die Kabine. „Teddie – kannst du das Steuer übernehmen?"

Der Mann kam ebenfalls hinunter in die Kabine, wo Elaine Ming auf ihr Bett gelegt hatte und leise zu ihm sprach. Sein Herz schlug immer noch hart und schnell. Er hatte jetzt Angst vor dem Mann am Steuer, obgleich Elaine da war. Sie fuhren in die kleine Bucht, wo sie immer anlegten, bevor sie von Bord gingen.

Hier hatte Teddie viele Freunde und Kumpane, die Ming alle verabscheute, weil sie zu Teddie gehörten, auch wenn dies hier bloß mexikanische Halbwüchsige waren. Einige Bengels in Shorts schrien auch gleich: „Señor Teddie!", sie boten Elaine die Hand zum Aussteigen, sie ergriffen das Tau, das vorn am Boot festgemacht war, und erboten sich immer wieder, Ming zu tragen. „Ming – Ming!" Mit einem Sprung setzte Ming an Land und hockte sich nieder, um auf Elaine zu warten und schnell zur Seite zu springen, wenn eine Hand näher kam, um ihn zu packen; und es waren viele braune Hände da, die nach ihm zu greifen versuchten und denen er immer wieder ausweichen mußte. Geschrei, Lachen, Getrampel von nackten Füßen auf Holzbohlen und dann Elaines beruhigende Stimme, die den Jungens warnende Worte zurief. Ming wußte, sie war noch damit beschäftigt, die Plastiktaschen an Land zu bringen und die Kabinentür abzuschließen.

Teddie ließ sich von einem der Jungens dabei helfen, die Leinenplane über das Kabinendach zu ziehen. Und nun waren Elaines sandalenbekleidete Füße neben Ming angekommen, und Ming folgte ihr. Ein Junge nahm ihr die Sachen ab, die sie trug, und sie hob Ming auf den Arm.

Sie bestiegen den großen Wagen ohne Dach, der Teddie gehörte, und fuhren die gewundene Straße hinauf zu Elaines und Mings Haus. Einer der Jungen saß am Steuer. Der Ton, in dem Elaine und Teddie miteinander sprachen, war jetzt ruhiger, sanfter. Der Mann lachte. Ming saß angespannt auf Elaines Schoß; er spürte ihre liebevolle Fürsorge an der Art, wie sie ihn streichelte und am Hals kraulte. Der Mann streckte die Hand aus und legte sie Ming auf den Rücken, und Ming ließ ein dunkles Grollen hören, das stieg und absank und tief aus der Kehle kam.

„Na, na", sagte der Mann mit gespielter Heiterkeit und zog die Hand zurück.

Elaine hatte angefangen, etwas zu sagen, und sich dann unterbrochen. Ming war sehr müde, er wollte jetzt nichts als schlafen, schlafen auf dem breiten Bett zu Hause, auf dem eine rotweiß gestreifte Decke aus dünner Wolle lag. Kaum hatte er den Gedanken zu Ende gedacht, da fand er sich auch schon in der kühlen duftenden Umgebung des eigenen Hauses und wurde behutsam auf das Bett mit der weichen wollenen Decke gelegt. Seine Herrin gab ihm einen Kuß und sagte etwas, in dem das Wort „hungrig" vorkam. Ming hatte verstanden: er sollte ihr Bescheid sagen, wenn er hungrig war.

Ming döste ein und erwachte erst, als er auf der Terrasse in wenigen Metern Entfernung, hinter der offenen Glastür, Stimmen hörte. Es war jetzt ganz dunkel draußen; Ming konnte das Ende des Tisches sehen und erkannte auch an der Art des Lichtes, daß Kerzen auf dem Tisch brannten. Concha, die Dienerin, die im Hause schlief, räumte gerade den Tisch ab; Ming hörte ihre Stimme und dann auch die Stimmen von Elaine und dem Mann.

Er roch den Zigarettenrauch, sprang auf und hockte sich einen Augenblick vor die offene Tür, die auf die Terrasse führte. Er gähnte, machte einen Buckel, reckte sich und lockerte die Muskeln, indem er die Krallen in den dicken Sisalteppich grub. Dann glitt er nach rechts hinaus auf die Terrasse und lief lautlos weiter, die breite Steintreppe hinunter in den Garten. Der Garten war wie ein Urwald, eine Dschungelwildnis mit Avocado- und Mangobäumen, die bis zur Terrasse reichten, an der Mauer kletterte Bougainvillea hoch, Orchideen rankten sich an den Bäumen empor, und Magnolien und Kamelien, die Elaine selbst gepflanzt hatte, wuchsen in üppiger Fülle. Ming hörte auch Vögel in den Nestern zwitschern; er kletterte zuweilen hinauf, um an die Nester zu kommen, doch heute abend hatte er keine Lust, obgleich er nicht sehr müde war. Die Stimmen der Herrin und des Mannes beunruhigten ihn. Die Herrin stand heute abend nicht gut mit dem Mann, das war deutlich zu merken.

Concha war sicher noch in der Küche; Ming beschloß hineinzugehen und sie um etwas zu essen zu bitten. Concha hatte ihn gern. Einmal hatte das Haus eine Dienerin gehabt, die ihn nicht mochte; die war von Elaine entlassen worden. Ming dachte lustvoll an gegrilltes Schweinefleisch, das wäre schön heute abend. Die Herrin und der Mann hatten das zum Abendessen gehabt. Vom Meer her wehte eine kühle Brise und fuhr ihm leicht durchs Fell. Er war nun wieder ganz erholt nach dem gräßlichen Erlebnis vorhin, als er fast ins Wasser gefallen war.

Auf der Terrasse war niemand mehr. Ming bog nach links ein, ins Schlafzimmer, und wußte sofort, daß der Mann da war, obgleich kein Licht brannte und er ihn nicht sehen konnte. Der Mann stand am Toilettentisch und war dabei, ein Kästchen zu öffnen. Ohne es zu wissen, ließ Ming noch einmal das tiefe Grollen hören, das aufstieg und wieder absank; er blieb so starr stehen, wie er in dem Augenblick stand, als er den Mann bemerkte: Der rechte Vorderfuß war zum nächsten Schritt vorgestreckt und die Ohren zurückgelegt. Er war zum Sprung bereit, irgendwohin, obgleich ihn der Mann noch nicht gesehen hatte.

„Sss-sst, verdammt noch mal!" sagte der Mann

leise und stampfte leicht mit dem Fuß auf, um Ming zum Rückzug zu bewegen. Ming rührte sich nicht. Er hörte das weiche Scheppern der weißen Halskette, die der Herrin gehörte und die nun in der Tasche des Mannes verschwand. Der Mann ging rechts an Ming vorbei und zur Tür hinaus, die in das große Wohnzimmer führte. Ming hörte das Klirren der Flasche gegen das Glas, das jetzt gefüllt wurde. Ming ging durch dieselbe Tür und wandte sich nach links, der Küche zu. Miau-miau ... Elaine und Concha waren in der Küche und begrüßten ihn. Aus Conchas Radioapparat ertönte Musik.

„Fisch? – Nein, Braten. Braten mag er gern", sagte Elaine in dem speziellen Idiom, das Concha leichter verstand.

Ming deutete ohne Mühe an, daß ihm Braten auch lieber sei; er erhielt ihn und fraß mit großem Appetit. Concha rief einmal: „Ahii-iii", als die Herrin ihr etwas auseinandersetzte, und sie beugte sich nieder, um Ming zu streicheln. Er duldete es, aber er blickte dabei weiter auf seinen Teller, bis sie aufhörte und er seine Mahlzeit beenden konnte. Elaine ging hinaus. Concha goß ein wenig kondensierte Milch, die Ming sehr liebte, in seine Untertasse, und er leckte sie auf. Zum Dank rieb er schnurrend die Flanke an ihrem nackten Bein und ging dann ebenfalls hinaus. Vorsichtig trat er auf dem Weg ins Schlafzimmer in den Wohnraum, aber die Herrin und der Mann saßen jetzt draußen auf der Terrasse. Ming war gerade im Schlafzimmer angekommen, als er Elaine rufen hörte: „Ming –? Wo bist du?"

Ming ging zur Terrassentür und blieb einen Augenblick dort stehen, dann setzte er sich auf die Schwelle.

Elaine saß seitwärts am Ende des Tisches. Hell schien das Kerzenlicht auf das lange blonde Haar und die weißen Hosenbeine. Sie klopfte sich auf den Schenkel, und Ming sprang auf den Schoß.

Der Mann sagte etwas mit halblauter Stimme, etwas Unfreundliches. Elaine erwiderte im gleichen Ton, aber sie lachte dazu.

Das Telefon klingelte. Elaine setzte Ming auf den Boden und ging hinüber ins Wohnzimmer.

Der Mann leerte sein Glas, sagte leise etwas zu Ming und stellte das Glas auf den Tisch. Dann stand er auf und versuchte, Ming einzukreisen oder ihn auf den Rand der Terrasse zu treiben, das merkte Ming, und er wußte auch, daß der Mann betrunken war; er bewegte sich langsam und ungeschickt. Rings um die Terrasse lief ein Geländer, das dem Mann etwa bis zur Hüfte reichte; an drei Stellen wurde es von einem Gitterrost durchbrochen, und die Gitterstäbe waren weit genug, daß Ming hindurchschlüpfen konnte, was er jedoch niemals tat, er warf nur zuweilen einen Blick durch die Stäbe. Es war ihm klar, daß der Mann ihn durch eins der Gitter jagen wollte, oder er wollte ihn packen und über die Brüstung werfen. Es war kinderleicht für Ming, ihm auszuweichen.

Jetzt ergriff der Mann einen Stuhl und schwang ihn plötzlich durch die Luft, dabei traf er Ming an der Seite, schnell und heftig, das tat weh. Ming suchte den nächsten Ausweg, das war die Steintreppe, die nach unten in den Garten führte, und lief hinunter. Der Mann kam hinter ihm her. Ohne nachzudenken, schoß Ming die paar Stufen wieder hinauf, die er eben hinuntergelaufen war, wobei er sich dicht an der im Schatten liegenden Mauer hielt. Der Mann hatte ihn nicht gesehen, das wußte er. Er sprang auf das Terrassengeländer, setzte sich und leckte sich einmal die Pfote, nur um sich zu sammeln; sein Herz schlug so hart, als sei er mitten im Kampf. Haß erfüllte ihn, Haß brannte in seinen Augen, als er sich jetzt hinkauerte und horchte, wie der Mann unsicher begann, die Treppe emporzuklimmen. Da – er kam in Sicht.

Ming spannte sich zum Sprung und sprang dann, so hart er konnte, mit allen vieren auf den rechten Arm des Mannes nahe der Schulter, wo er sich an der weißen Jacke festkrallte. Sie fielen beide um, und der Mann stöhnte. Ming ließ nicht locker. Zweige knackten, Ming wußte nicht mehr, was oben und unten war. Er sprang ab, erkannte zu spät die Richtung und den Erdboden und landete auf der Seite. Fast gleichzeitig hörte er, wie der Mann dumpf zu Boden schlug und dann etwas weiter rollte. Stille. Mings Atem ging schnell, die kleine Schnauze stand offen, bis der Schmerz in der Brust nachließ. Aus der Richtung des Mannes kam der Dunst von Alkohol und Tabak und der scharfe Geruch der Angst. Aber der Mann rührte sich nicht.

Ming konnte jetzt ganz gut sehen; auch schien ein wenig Mondlicht durch den Garten. Er machte sich auf den Weg zur Treppe – ein langer Weg durch Buschwerk über Sand und Steine, bis er die ersten

Stufen fand. Er stieg nach oben und stand wieder auf der Terrasse. Elaine kam gerade durch die Glastür nach draußen.

„Teddie?" rief sie und trat zurück ins Schlafzimmer, um eine Lampe anzuschalten. Dann ging sie in die Küche, und Ming folgte ihr. Concha hatte das Licht brennen lassen; sie war jetzt in ihrem eigenen Zimmer, aus dem Radiomusik tönte.

Elaine öffnete die Haustür. Der Wagen des Mannes stand noch auf dem Weg, das sah Ming. Seine Hüfte schmerzte ihn jetzt, oder er spürte den Schmerz erst jetzt; er hinkte leicht. Elaine bemerkte es, legte ihm weich die Hand auf den Rücken und fragte, was ihm fehle. Ming schnurrte nur.

„Teddie – wo bist du?" rief Elaine noch einmal. Sie nahm eine Taschenlampe und leuchtete hinunter in den Garten, zwischen die starken Stämme der Avocadobäume, die Orchideen und Lavendelblüten und die roten Flammen der Bougainvillea. Ming saß in Sicherheit neben ihr auf der Terrassenbrüstung und folgte dem Strahl der Lampe mit den Augen. Er schnurrte behaglich. Gleich hier unten war der Mann nicht, er war weiter hinten und mehr rechts. Elaine trat an die Terrassentreppe, die kein Geländer, sondern nur breite Stufen hatte, und zielte mit dem Lichtstrahl nach unten. Ming blickte nicht hin. Er saß jetzt oben auf der Terrasse, wo die Stufen anfingen.

„Teddie!" rief Elaine. „Teddie!" Sie lief die Stufen hinunter. Ming blieb oben sitzen. Er hörte, wie sie die Luft einzog und dann laut rief: „Concha!" Eilig kam sie die Treppe wieder herauf. Concha war aus ihrem Zimmer gekommen, Elaine sprach mit ihr, und Concha wurde ganz aufgeregt. Elaine trat ans Telefon und sprach eine Weile, dann ging sie zusammen mit Concha die Treppe hinunter. Ming blieb bequem mit eingezogenen Pfoten auf dem Terrassenboden sitzen, der noch immer warm war von der Sonne. Ein Wagen fuhr vor, Elaine kam die Treppe herauf und ging an die Haustür. Ming blieb unbemerkt in einer dunklen Ecke der Terrasse sitzen und schaute zu, wie drei oder vier fremde Männer heraustraten und mit schweren Schritten die Treppe in den Garten hinuntergingen. Er hörte, wie sie unten redeten und dabei hin und her gingen, es knackte in den Büschen, dann kam der Geruch von allen Seiten die Stufen herauf, der Dunst von Tabak und Schweiß und der vertraute Geruch von Blut. Ming war sehr zufrieden. Er freute sich – so wie er sich immer freute, wenn er einen Vogel getötet und den Blutgeruch mit seinen Zähnen hervorgerufen hatte. Das hier war seine Beute – eine mächtige Beute. Keiner sah, wie sich Ming zu seiner vollen Größe aufrichtete, als die Männer mit der Leiche vorbeigingen, und wie er das würzige Aroma seines Sieges mit erhobener Nase einsog.

Dann war auf einmal das Haus ganz leer. Alle waren fort, sogar Concha. Ming trank etwas Wasser aus seinem Schüsselchen in der Küche; dann ging er ins Schlafzimmer der Herrin, sprang auf das Bett, rollte sich auf dem Kissen zusammen und war in kurzer Zeit eingeschlafen. Er erwachte erst durch das laute Rr-rr-rr eines fremden Wagens. Die Haustür wurde geöffnet, er erkannte Elaines und dann auch

Conchas Schritte; aber er blieb liegen, wo er lag. Ein paar Minuten lang unterhielten sich die beiden Frauen mit leisen Stimmen, dann kam Elaine ins Schlafzimmer, wo das Licht noch brannte. Ming sah ihr zu, wie sie langsam das Kästchen auf dem Toilettentisch öffnete und mit leisem Scheppern die weiße Halskette hineinfallen ließ. Sie schloß den Kasten und begann ihre Bluse aufzuknöpfen, doch bevor sie damit fertig war, warf sie sich plötzlich auf das Bett und streichelte Mings Kopf, hob seine linke Pfote und drückte sie sanft, so daß die Krallen heraustraten.

„O Ming – Ming", sagte sie leise.

Und Ming hörte aus ihrer Stimme, wie lieb sie ihn hatte.

Englisches Volksmärchen

Der alte Tom

An einem Winterabend saß die Frau des Totengräbers am Kamin. Ihr großer schwarzer Kater, der alte Tom, lag neben ihr und erwartete mit ihr, schläfrig blinzelnd, die Rückkehr des Herrn. Sie warteten und warteten, aber er blieb lange aus. Schließlich kam er hereingestürzt und rief ganz aufgeregt: „Wer ist denn eigentlich Tommy Tildrum?" Beide, seine Frau und der Kater, starrten ihn an.

„Was regst du dich denn so auf", sagte endlich die Frau, „und warum willst du wissen, wer Tommy Tildrum ist?"

„Oh, ich habe ein tolles Abenteuer erlebt! Ich war bei Herrn Fordyces Grab am Schaufeln und mußte wohl dabei eingeschlafen sein. Jedenfalls wachte ich erst durch das Jaulen einer Katze auf."

„Miau", sagte der alte Tom zur Antwort.

„Ja, gerade so war's! Ich guckte über das Grab hinweg, und was glaubt ihr, was ich sah?"

„Nun, wie kann ich das wissen!" sagte die Frau.

„Denk dir: neun schwarze Katzen, wie Tom sahen sie aus, alle mit einem weißen Fleck auf ihrem Brustpelz. Und was glaubt ihr, was sie trugen? Einen kleinen Sarg, mit einem schwarzen Sammetbahrtuch bedeckt, und auf dem Tuch lag eine Krone, ganz von Gold; und bei jedem dritten Schritt riefen alle ‚miau'."

„Miau", mauzte wieder der alte Tom.

„Ja, ganz genauso", sagte der Totengräber, „und wie sie näher und näher kamen, konnte ich sie genauer sehen, weil ihre Augen in grünem Lichte leuchteten. Und nun gingen sie alle auf mich zu. Acht trugen den Sarg, und die neunte, die größte unter ihnen, schritt in aller Würde voran. – Aber sieh nur unsern Tom, wie er mich anstarrt! Man könnte denken, er verstünde alles, was ich sage."

„Nur weiter, weiter!" sagte seine Frau. „Kümmere dich doch nicht um den alten Tom."

„Also, ich sagte gerade, sie kamen langsam und feierlich auf mich zu und riefen alle bei jedem dritten Schritt ‚miau' –"

„Miau", sagte der alte Tom wieder.

Der Totengräber sah Tom erschreckt an und erblaßte, fuhr aber dann fort: „Denk dir, sie stellten sich genau gegenüber Herrn Fordyces Grab auf, wo ich war, und alle standen still und sahen zu mir herüber. Aber sieh nur den Tom: Er starrt mich genauso an wie sie!"

„Weiter, nur weiter", sagte seine Frau, „kümmere dich doch nicht immer um den alten Kater!"

„Wo war ich denn? Ach ja, sie standen alle und starrten mich an. Dann kam die eine, die den Sarg nicht mittrug, an mich heran, sah mir gerade ins Gesicht und sagte zu mir – ja, ich versichere dir's, sie sprach zu mir mit quiekender Stimme: ‚Sage Tom Tildrum, daß Tim Toldrum tot ist.' Und darum bei allen Heiligen, frage ich dich, ob du weißt, wer Tom Tildrum ist? Denn wie kann ich Tom Tildrum sagen, daß Tim Toldrum tot ist, wenn ich nicht weiß, wer Tom Tildrum ist!"

„Sieh den alten Tom, sieh nur den alten Tom!"
schrie da seine Frau.

Und er fuhr ebenfalls vor Staunen zusammen.
Denn Tom blähte sich auf, machte einen stattlichen
Katzenbuckel und kreischte schließlich: „Was, der
alte Tim ist tot? Dann bin ich der Katzenkönig!" und
sauste im Kaminschlot in die Höh' und ward nie mehr
gesehen.

Rudyard Kipling

Die Katze, die für sich allein ging

Höre, lausche und vernimm, mein liebstes Kind; dies begab und ereignete sich, wurde und war, da die Haustiere noch wild waren. Der Hund war wild, und das Pferd war wild, und die Kuh war wild, und das Schaf war wild, und das Schwein war wild – das war schon ganz und gar wild –, und die gingen da im nassen, wilden Wald ihre wilden, einsamen Wege. Aber das wildeste aller wilden Tiere war die Katze. Die ging ganz allein für sich, und ein Ort war für sie wie der andere.

Der Mensch war selbstverständlich auch wild. Furchtbar wild sogar. Er fing erst an, ein bißchen zahm zu werden, als er mit der Frau zusammengetroffen war und die ihm gesagt hatte, sie habe keine Lust, in so wilder Weise zu leben wie er. Sie suchte sich eine hübsche trockene Höhle, um darin zu schlafen, statt auf einem Haufen nassen Laubs; und dann streute sie sauberen Sand auf den Boden und zündete ganz hinten in der Höhle aus Holz ein hübsches Feuerchen an; darauf hängte sie noch die getrocknete Haut eines Wildpferdes mit dem Schwanz nach unten vor den Einlaß der Höhle und sagte: „Wisch deine Füße ab, mein Lieber, bevor du eintrittst; so, und nun wollen wir mit dem Haushalt anfangen."

Am Abend gab es dann Wildschafffleisch, das auf heißen Steinen gebraten und mit wildem Knoblauch und wildem Pfeffer gewürzt war; darauf mit wildem

Reis, wildem Fenchel und wildem Koriander gefüllte Wildente, danach Markknochen von wilden Ochsen und schließlich wilde Kirschen und wilde Granatäpfel. Und dann legte sich der Mann glücklich und zufrieden vor dem Feuer schlafen; aber die Frau blieb auf und kämmte ihr Haar. Und sie nahm das große, flache Schulterblatt von dem Hammel und betrachtete die wundersame Zeichnung darauf, und dann warf sie frisches Holz aufs Feuer und machte einen Zauber, den ersten Sangeszauber auf der Welt.

Draußen im nassen wilden Wald aber liefen all die wilden Tiere zusammen an einer Stelle, wo sie von ganz weit her den Schein des Feuers sehen konnten, und machten sich Gedanken darüber, was das bedeuten möge.

Schließlich stampfte das Wildpferd mit dem wilden Huf auf und sagte: „O meine Freunde und meine Feinde, warum haben der Mann und das Weib das große Licht in der großen Höhle dort angezündet, und welchen Schaden wird uns dies bringen?"

Und der Wildhund hob die wilde Nase und roch den Geruch des Hammelbratens und sagte: „Ich werde einmal hingehn und nachsehn und euch Bescheid sagen; denn mich dünkt, es ist schon recht. Katze, komm mit!"

„Nichts da!" sagte die Katze. „Ich bin die Katze, und ich gehe nur allein für mich, und jeder Ort ist für mich wie der andere. Ich gehe nicht mit."

„Dann können wir nie wieder Freunde sein", sagte der Wildhund und setzte sich in Trab nach der Höhle. Als er aber ein Stückchen weit fort war, sprach die

Katze bei sich selbst: „Ein Ort ist für mich wie der andere. Warum sollte ich eigentlich nicht auch hingehn, mir alles ansehn und wieder weggehn, grade wie es mir beliebt?" Sie schlich also hinter dem Wildhund drein, sachte, ganz sachte, und versteckte sich an einer Stelle, wo sie alles hören konnte.

Als der Wildhund beim Eingang zur Höhle angelangt war, schob er die getrocknete Pferdehaut mit der Nase hoch und schnupperte den herrlichen Duft vom Hammelbraten. Die Frau aber, die immer noch das Schulterblatt betrachtete, hatte ihn gehört und sagte: „Da kommt der erste. Wildes Wesen aus dem wilden Wald, was willst du?"

Und der Wildhund sagte: „O meine Feindin und Weib meines Feindes, was duftet so wunderschön in den wilden Wald hinaus?"

Da nahm die Frau einen angebratenen Hammelknochen, warf ihn dem Wildhund zu und sagte: „Wildes Wesen aus dem wilden Wald, da koste einmal." Und der Wildhund nagte den Knochen ab, und er schmeckte köstlicher denn alles, was er je gekostet hatte; und er sagte: „O meine Feindin und Weib meines Feindes, gib mir noch einen."

Und die Frau sagte: „Wildes Wesen aus dem wilden Wald, hilf meinem Mann tagsüber beim Jagen, und bewache diese Höhle zur Nachtzeit, dann werde ich dir so viele gebratene Knochen geben, wie du magst."

Da das die Katze hörte, sagte sie: „Ei, ei, das ist eine gescheite Frau, aber so gescheit wie ich ist sie doch nicht."

Der Wildhund aber kroch in die Höhle hinein zu der Frau hin, legte seinen Kopf in ihren Schoß und sagte: „O meine Freundin und Weib meines Freundes, ich werde deinem Mann tagsüber bei der Jagd helfen und zur Nachtzeit eure Höhle bewachen."

„Ei, ei", sagte die horchende Katze, „das ist ja ein ganz dummer Hund." Und sie ging zurück durch den nassen wilden Wald und wanderte, mit dem wilden Schwanz wedelnd, für sich allein ihres wilden Weges. Aber sie erzählte niemandem je etwas davon.

Als der Mann aufwachte, sagte er: „Was tut der Wildhund hier?" Und die Frau sagte: „Er heißt nicht mehr Wildhund, sondern Erster Freund, denn er wird immer und ewig unser Freund sein. Nimm ihn mit, wenn du auf die Jagd gehst."

Am nächsten Abend schnitt die Frau ganze Armvoll frischen grünen Grases auf den nassen Wiesen ab und trocknete es am Feuer, so daß es duftete wie frischgemähtes Heu, und dann setzte sie sich an den Eingang der Höhle und flocht einen Halfter aus Pferdeleder; dabei beschaute sie immer das Hammelschulterblatt und machte einen Zauber. Das war der zweite Sangeszauber auf der Welt.

Draußen im wilden Wald wunderten sich alle wilden Tiere darüber, was dem Wildhund zugestoßen sein möge, und schließlich stampfte das Wildpferd mit dem Huf auf und sagte: „Ich werde einmal hingehen und sehen und euch Bescheid sagen, warum der Wildhund nicht zurückgekehrt ist. Komm mit, Katze!"

„Nichts da!" sagte die Katze. „Ich bin die Katze,

die für sich allein geht, und ein Ort ist für mich wie der andere. Ich gehe nicht mit." Trotzdem aber lief sie sachte, ganz sachte dem Wildpferd nach und versteckte sich an einer Stelle, wo sie alles hören konnte.

Als die Frau das Wildpferd herantrappeln und über seine lange Mähne stolpern hörte, lachte sie und sagte: „Da kommt der zweite. Wildes Wesen aus dem wilden Wald, was willst du?"

Und das Wildpferd sagte: „O meine Feindin und Weib meines Feindes, wo ist der Wildhund?"

Da lachte die Frau, hob den Schulterknochen hoch, schaute darauf und sprach: „Wildes Wesen aus dem wilden Wald, du bist nicht wegen des Wildhundes gekommen, sondern um des schönen Grases willen."

Und da trappelte das Wildpferd und verheddert sich in seiner langen Mähne und sagte: „Wahrlich, so ist es ... laß mich davon fressen."

Und die Frau sagte: „Wildes Wesen aus dem wilden Wald, beuge deinen wilden Kopf, und trage, was ich dir zu tragen gebe, und du sollst dreimal am Tag das wunderschöne Gras zu fressen bekommen."

„Ei, ei", sagte die horchende Katze, „das ist eine sehr gescheite Frau, aber sie ist nicht so gescheit wie ich."

Das Wildpferd aber beugte den wilden Kopf, und die Frau streifte ihm das geflochtene Lederhalfter über, und das Wildpferd schnaubte auf die Füße der Frau und sagte: „O meine Herrin und Weib meines Herrn, um des wunderschönen Grases willen will ich dein Knecht sein."

„Ei, ei", sagte die horchende Katze. „Das ist ja ein

ganz dummes Pferd." Und sie ging zurück durch den nassen wilden Wald und wanderte, mit dem wilden Schwanz wedelnd, für sich allein ihres wilden Weges. Aber sie erzählte niemand je davon.

Als der Mann und der Hund von der Jagd heimkamen, sagte der Mann: „Was tut denn das Wildpferd hier?" Und die Frau sagte: „Es heißt nicht mehr Wildpferd, sondern Erster Knecht, denn es wird uns nun immer und ewig vom einen Ort zum andern tragen. Reite auf ihm, wenn du jagen gehst."

Am nächsten Tag, kam, den wilden Kopf hoch haltend, damit sich ihre wilden Hörner nicht im wilden Baumgeäst verfingen, die Wildkuh zu der Höhle, und die Katze schlich ihr nach und versteckte sich wieder, wie sie vorher getan; und es begab sich auch alles genau wie vorher, und die Katze sagte die gleichen Worte wie vorher; und als die Wildkuh versprochen hatte, der Frau gegen das wunderschöne Gras alle Tage ihre Milch zu geben, ging die Katze wiederum davon durch den nassen wilden Wald und wanderte, mit dem wilden Schwanz wedelnd, für sich allein ihres wilden Weges. Und erzählte niemand je ein Wort davon.

Und als der Mann mit dem Pferd und dem Hund von der Jagd heimkam, stellte er wieder die gleiche Frage, und da sagte die Frau: „Sie heißt nicht mehr Wildkuh, sondern Spenderin trefflicher Nahrung. Immer und ewig wird sie uns ihre warme weiße Milch spenden, und ich werde für sie sorgen, während du mit dem Ersten Freund und dem Ersten Knecht auf der Jagd bist."

Am nächsten Tag paßte die Katze auf, ob noch irgendein wildes Wesen zu Höhle ginge; aber es regte sich nichts im nassen wilden Wald, und so ging die Katze für sich allein hin; und sie sah die Frau die Kuh melken und den Feuerschein in der Höhle und roch den Geruch der warmen weißen Milch.

Und die Katze sagte: „O meine Feindin und Weib meines Feindes, wo ist die Wildkuh hingekommen?"

Da lachte die Frau und sagte: „Wildes Wesen aus dem wilden Wald, geh nur wieder in den Wald zurück, denn ich habe mein Haar geflochten und aufgesteckt und habe den Zauberknochen von mir getan, und wir brauchen in unserer Höhle keine weiteren Freunde noch Knechte."

Da sagte die Katze: „Ich bin weder ein Freund noch ein Knecht. Ich bin die Katze, die für sich allein geht, und ich möchte in eure Höhle."

Und die Frau sagte: „Warum bist du dann nicht mit dem Ersten Freund am ersten Abend gekommen?"

Da wurde die Katze erbost und fragte: „Hat der Wildhund mich verklatscht?"

Da lachte die Frau und sagte: „Du bist doch die Katze, die für sich allein geht und für die ein Ort ist wie der andere. Du bist weder ein Freund noch ein Knecht. Das hast du selbst gesagt. So geh denn auch für dich allein an alle Orte, die dir einer wie der andere sind."

Da tat die Katze, als sei sie traurig, und sagte: „Darf ich denn nicht in die Höhle? Darf ich denn nicht am warmen Feuer sitzen? Darf ich denn nicht die warme weiße Milch trinken? Du bist sehr klug und sehr schön. Du solltest selbst gegen eine Katze nicht grausam sein."

Und die Frau sagte: „Ich wußte, daß ich klug bin; aber ich wußte nicht, daß ich schön bin. Drum will ich ein Abkommen mit dir machen. Wenn ich jemals ein Wort zu deinem Lobe sage, dann magst du in die Höhle kommen."

„Und wenn du zwei Worte zu meinem Lobe sagst?" fragte die Katze.

„Das wird nicht geschehen", sagte die Frau, „aber wenn ich zwei Worte zu deinem Lobe sage, dann darfst du in der Höhle am Feuer sitzen."

„Und wenn du drei Worte sagst?" fragte die Katze.

„Das wird nicht geschchen", sagte die Frau, „aber wenn ich drei Worte zu deinem Lobe sage, dann darfst du für immer und ewig dreimal am Tage warme weiße Milch trinken."

Da machte die Katze einen Buckel und sagte: „So mögen der Vorhang am Einlaß der Höhle und das Feuer hinten in der Höhle und die Milchtöpfe neben dem Feuer sich dessen entsinnen, was meine Feindin und das Weib meines Feindes gesagt hat." Und sie ging davon durch den nassen wilden Wald und wanderte, mit dem wilden Schwanz wedelnd, ihres einsamen wilden Weges.

Als nun am Abend der Mann mit dem Pferd und dem Hund von der Jagd heimkam, erzählte ihnen die Frau nichts von dem Abkommen, das sie mit der Katze getroffen hatte; denn sie fürchtete, das werde ihnen nicht recht sein.

Die Katze aber ging weit fort, weit fort und versteckte sich in der wilden Einöde des nassen wilden Waldes, bis die Frau gar nicht mehr an sie dachte. Nur die Fledermaus, die kleine Fledermaus, die, mit dem Kopf nach unten, in der Höhle hing, wußte, wo die Katze sich versteckt hielt; und jeden Abend flog die Fledermaus zur Katze hin und berichtete ihr, was es Neues gab.

Eines Abends nun sagte die Fledermaus: „In der Höhle ist ein Kleines. Ganz neu ist es und rosig und dick und winzig, und die Frau hat es sehr gern."

„Ei, ei", sagte die Katze aufhorchend, „aber was hat das Kleine gern?"

„Das hat Sachen gern, die weich sind und kitzeln", sagte die Fledermaus. „Warme Sachen hat es gern, die es in den Armen halten kann, wenn es einschläft. Es hat gern, wenn man mit ihm spielt. All das hat es gern."

„Ei, ei", sagte die Katze, „dann ist meine Zeit gekommen."

In der nächsten Nacht wanderte die Katze durch den nassen wilden Wald und versteckte sich in der Nähe der Höhle, bis der Morgen anbrach und der Mann mit dem Hund und dem Pferd auf die Jagd ging. Die Frau hatte an dem Morgen viel Arbeit mit Kochen; das Kind aber schrie immerzu und störte sie. Darum trug sie es vor die Höhle und gab ihm eine Handvoll Steinchen zum Spielen. Allein das Kind schrie immer weiter.

Da steckte die Katze ihre Sammetpfote aus und streichelte damit dem Kind über die Wange, und das Kind gurrte vor Vergnügen; da rieb sich die Katze an seinen dicken Knien und kitzelte es mit ihrem Schwanz unter seinem dicklichen Kinn. Da lachte das Kind, und die Frau hörte das und lächelte auch.

Da sagte die Fledermaus, die kleine Fledermaus, die mit dem Kopf nach unten am Eingang der Höhle hing: „O meine Hauswirtin und Weib meines Hauswirts und Mutter von meines Hauswirts Sohn, ein wildes Wesen aus dem wilden Wald spielt ganz wunderschön mit deinem Kind."

„So sei das wilde Wesen gesegnet dafür, wer es auch sein mag", sagte die Frau, sich von der Arbeit aufrichtend, „denn ich hatte heute früh viel zu tun, und es hat mir einen Dienst erwiesen."

Aber im gleichen Augenblick, auf die Sekunde genau, fiel – bums! – die trockene Pferdehaut, die mit dem Kopf nach unten als Vorhang am Einlaß der Höhle hing, herunter, denn sie entsann sich des Abkommens, das die Frau mit der Katze geschlossen hatte; und als die Frau hinging, um den Vorhang aufzuheben – sieh da! –, da saß die Katze ganz gemütlich am Eingang der Höhle.

„O meine Feindin und Weib meines Feindes und Mutter meines Feindes", sagte die Katze, „ich bin es: Hast du doch ein Wort zu meinem Lobe gesagt, und so darf ich nun für immer und ewig in der Höhle sitzen. Doch ich bin und bleibe die Katze, die für sich allein geht, und ein Ort ist für mich wie der andere."

Die Frau ärgerte sich sehr; sie biß die Lippen zusammen, nahm ihr Spinnrad und machte sich ans Spinnen.

Doch das Kind schrie wieder, weil die Katze von

ihm fortgegangen war, und die Frau konnte es nicht zum Schweigen bringen; es fuchtelte und strampelte, daß es blau im Gesicht wurde.

Da sagte die Katze: „O meine Feindin und Weib meines Feindes und Mutter meines Feindes, nimm einen Faden von dem Garn, das du da spinnst, binde die Wirtel daran, und ziehe sie über den Bogen, dann werde ich dir einen Zauber zeigen, der bewirkt, daß dein Kind so laut lacht, wie es jetzt weint."

„Das will ich tun", sagte die Frau, „weil ich mir keinen anderen Rat mehr weiß, aber danken werde ich dir dafür nicht."

Sie knüpfte also die kleine tönerne Wirtel an den Faden und zog sie über den Boden, und die Katze lief ihr nach und schlug mit der Pfote danach, überkugelte sich und schleuderte sie über die Schulter weg und zwischen den Hinterbeinen herum und stellte sich, als ob sie sie nicht mehr fände, dann sprang sie wieder drauf zu, bis das Kind so laut lachte, wie es vorher geweint hatte, und krabbelte und jauchzte hinter der Katze her, bis es müde wurde und sich, die Katze im Arm, zum Schlafen hinlegte.

„Nun", sagte die Katze, „werde ich dem Kind ein Liedchen singen, damit es eine Stunde lang schläft." Und sie schnurrte, erst laut, dann leise, laut, leise, bis das Kind fest eingeschlafen war.

Und da sie auf die beiden heruntersah, mußte die Frau lächeln und sagte: „Das hast du wunderschön gemacht. Keine Frage, du bist sehr gescheit, Katze."

Aber im gleichen Augenblick, auf die Sekunde genau, schlug – pfff! – der Rauch des Feuers hinten in der Höhle in Qualmwolken von der Decke herunter, denn das Feuer entsann sich des Abkommens, das die Frau mit der Katze gemacht hatte; und als sich der Rauch verzogen hatte – sieh da! –, da saß die Katze gemütlich dicht am Feuer.

„O meine Feindin und Weib meines Feindes und Mutter meines Feindes", sagte sie, „ich bin es: Hast du doch jetzt zum zweitenmal ein Wort zu meinem Lobe gesagt, und nun darf ich für immer und ewig hinten in der Höhle am warmen Feuer sitzen. Aber ich bin und bleibe die Katze, die für sich allein geht, und ein Ort ist für mich wie der andere."

Da wurde die Frau sehr, sehr ärgerlich, ließ ihre Haare über die Schulter fallen, legte frisches Holz aufs Feuer, holte das breite Hammelschulterblatt und machte einen Zauber, der sie davor bewahren sollte, zum drittenmal ein gutes Wort über die Katze zu sagen. Es war kein Sangeszauber, sondern ein stummer Zauber, und nach und nach wurde es in der Höhle so still, daß ein winzig kleines Mäuschen aus einer Ecke hervorkroch und über den Fußboden huschte.

„O meine Feindin und Weib meines Feindes und Mutter meines Feindes", sagte die Katze, „gehört das Mäuslein da zu deinem Zauber?"

„Huhu! Huhu! Wahrlich nicht!" rief die Frau aus, ließ den Hammelknochen fallen, sprang auf den Schemel vor dem Feuer und knotete rasch, rasch ihr Haar zusammen, vor Angst, das Mäuslein könne daran hinauflaufen.

„Soso", sagte die Katze und schaute scharf aus,

„dann kann es mir nicht schaden, wenn ich die Maus fresse?"

„Nein", sagte die Frau, ihr Haar hochsteckend, „friß sie nur rasch; ich werde dir das ewig danken."

Die Katze machte einen Satz und hatte schon das Mäuslein gepackt. Die Frau aber sagte: „Tausend Dank, selbst unser Erster Freund vermag nicht so schnell kleine Mäuse zu fangen, wie du das eben getan hast. Du mußt sehr klug sein."

Da, im gleichen Augenblick, genau auf die Sekunde, zersprang – kkrr! – der Milchtopf, der am Feuer stand, in zwei Stücke, denn er entsann sich des Abkommens, das die Frau mit der Katze gemacht hatte; und als die Frau vom Schemel herabsprang – siehe da! –, da leckte die Katze die warme weiße Milch aus einer der beiden Scherben.

„O meine Feindin und Weib meines Feindes und Mutter meines Feindes", sagte die Katze, „jetzt hast du zum drittenmal ein Wort zu meinem Lobe gesagt, und nun darf ich für immer und ewig dreimal am Tage die warme weiße Milch trinken. Aber deshalb bin und bleibe ich doch die Katze, die für sich allein geht, und ein Ort ist für mich wie der andere."

Da lachte die Frau und setzte der Katze einen Napf voll warmer weißer Milch vor und sagte: „O Katze, du bist so gescheit wie ein Mensch, du mußt jedoch bedenken, daß du das Abkommen nicht mit dem Mann und dem Hund gemacht hast, und wie die sich verhalten werden, wenn sie heimkommen, das weiß ich nicht."

„Was kümmert das mich?" sagte die Katze. „Wenn

ich meinen Platz am Feuer in der Höhle und dreimal täglich meine warme weiße Milch habe, dann ist es mir gleich, wie der Mann und der Hund sich verhalten."

Als dann am Abend der Mann und der Hund in die Höhle kamen, erzählte ihnen die Frau die ganze Geschichte von dem Abkommen, derweil die Katze am Feuer saß und lächelte. Darauf sagte der Mann: „Jaja, aber mit mir hat sie kein Abkommen geschlossen, noch mit allen richtigen Männern, die nach mir kommen." Dann zog er seine zwei Lederstiefel aus und nahm sein kleines Steinbeil – das macht drei – und holte ein Scheit Holz und eine Axt – das macht zusammen fünf –, stellte alles nebeneinander in eine Reihe und sagte: „So, jetzt werden wir zwei unser Abkommen machen. Wenn du nicht, solange du immer und ewig in der Höhle bist, Mäuse fängst, dann schmeiße ich diese fünf Sachen nach dir, wann immer ich dich zu Gesicht kriege, und so sollen alle richtigen Männer tun, die nach mir kommen."

„Ei, ei", sagte die Frau, die zuhörte, „die Katze da ist sehr klug, aber so klug wie mein Mann ist sie doch nicht."

Die Katze besah sich die fünf Sachen eine nach der andern – und sie sahen alle recht grobkantig aus – und sagte: „Ich werde in der Höhle immer und ewig Mäuse fangen; aber trotz alledem bin und bleibe ich die Katze, die für sich allein geht, und ein Ort ist für mich wie der andere."

„Nicht, wenn ich um die Wege bin", sagte der Mann. „Hättest du das, was du zuletzt gesagt hast, nicht gesagt, dann würde ich all die Sachen da für immer und ewig beiseite getan haben; nun aber werde ich meine beiden Stiefel und mein kleines Steinbeil – das macht drei – nach dir werfen, wann immer ich dich sehe. Und so werden alle richtigen Männer tun, die nach mir kommen."

Und da sagte der Hund: „Einen Augenblick! Die Katze hat auch kein Abkommen mit mir geschlossen, noch eines mit allen richtigen Hunden, die nach mir kommen." Und dann fletschte er die Zähne und fuhr fort: „Wenn du nicht lieb zu dem Kind bist, solange ich für immer und ewig in der Höhle wohne, dann werde ich auf dich Jagd machen, bis ich dich packe, und wenn ich dich gepackt habe, dann werde ich dich beißen. Und so sollen alle richtigen Hunde tun, die nach mir kommen."

„Ei, ei", sagte die Frau, die zuhörte, „die Katze ist sehr gescheit, aber sie ist doch nicht so gescheit wie der Hund."

Die Katze beschaute die Zähne des Hundes einen nach dem andern – und sie schienen alle sehr scharf – und sagte: „Ich werde lieb sein zu dem Kind, solange ich in der Höhle wohne, wenn es mich nicht zu fest am Schwanz zieht, für immer und ewig. Aber deshalb bin und bleibe ich doch die Katze, die für sich allein geht, und für mich ist ein Ort wie der andere."

„Nicht, wenn ich um die Wege bin", sagte der Hund. „Hättest du das letzte, was du gesagt hast, nicht gesagt, dann hätte ich meine Kiefer für immer und ewig geschlossen gehalten; nun aber werde ich dich auf den nächsten Baum jagen, wo immer ich dich treffe. Und so sollen alle richtigen Hunde nach mir tun."

Und da warf der Mann seine beiden Stiefel und das kleine Steinbeil – das macht drei – nach der Katze, und die Katze rannte aus der Höhle hinaus, und der Hund lief ihr nach und jagte sie auf einen Baum hinauf; und von jenem Tag an bis zum heutigen werfen von fünf richtigen Männern drei immer Sachen nach einer Katze, sobald sie eine zu Gesicht kriegen, und alle richtigen Hunde jagen die Katze einen Baum hinauf.

Doch auch die Katze hält das Abkommen ein. Sie vertilgt Mäuse und ist lieb zu Kindern, wenn sie im Hause ist, solange die sie nicht zu fest am Schwanz ziehen. Aber danach und auch zwischenhinein und wenn der Mond aufgeht und die Nacht anbricht, dann geht die Katze ganz allein für sich spazieren, und ein Ort ist für sie wie der andere. Dann wandert sie hinaus in den nassen wilden Wald oder hinauf in die nassen wilden Bäume oder über die nassen wilden Dächer, wedelt mit dem wilden Schwanz und geht ihres einsamen, wilden Weges.

Mazedonisches Märchen
Der Bursche und die Katze

Es war einmal ein Junge bei einem Kaufmann im Dienst. Er arbeitete schon ein ganzes Jahr lang, und am Ende des Jahres bezahlte ihm der Kaufmann seinen Lohn, soviel ihm zustand. Der Junge aber gab ihm das Geld zurück und behielt nur drei Heller. Dann ging er an den Fluß und warf diese drei Heller ins Wasser, um zu sehen, ob sie wohl auf den Grund fielen. Kaum hatte er sie losgelassen, da waren sie schon auf den Grund gefallen.

Im zweiten Jahr tat er dasselbe. Im dritten aber fielen die drei Heller nicht auf den Grund, und so behielt er sie mit gutem Recht.

Auch im vierten Jahr blieb er noch bei dem Kaufmann im Dienst.

Da beschloß der Kaufmann, auf den Markt zu fahren. Der Junge gab ihm seine drei Heller, er sollte ihm dafür etwas auf dem Markt kaufen. Der Kaufmann nahm die drei Heller und lächelte. „Ach, für die drei Heller werde ich dir auf dem Markte eine Flöte kaufen", sagte er ihm ganz ruhig. Dem Jungen aber gefielen die Worte seines Herrn nicht.

„Meister", sagte er ihm, „ich bitte dich, nimm mich mit auf den Markt, da kann ich dir unterwegs dienen."

Der Meister war damit einverstanden, und beide machten sich auf den Weg nach dem Markt.

Ehe sie auf ihr Schiff stiegen, sah der Junge, wie

drei Kinder ein Kätzchen schlugen. Dem Jungen tat das Kätzchen leid, deshalb wollte er es aus den Händen der Kinder retten, doch die Kinder wollten seine Bitten nicht erhören und das Kätzchen totschlagen. Schließlich kaufte ihnen der Junge das Kätzchen um einen Heller ab und rettete ihm das Leben. Er nahm es und ging mit ihm zu seinem Dienstherrn.

Sie stiegen auf das Schiff und fuhren über das Meer. Als sie so eine Zeitlang gefahren waren, erhoben sich mächtige Wellen und trugen das Schiff aus seinem Weg und an eine Insel. Die Mannschaft band das Schiff am Ufer fest, und alle gingen auf die Insel. Einige Leute auf der Insel luden den Meister und den Jungen zum Abendessen in ein Haus. An diesem Abend kamen in dem Haus, in dem der Kaufmann und der Junge waren, einige Einheimische ins Gespräch. Als die Gäste sich zum Abendessen niedersetzten, gaben die Leute von der Insel ihnen Stöckchen in die Hand und sagten ihnen, sie sollten sich damit wehren, denn es würden viele Mäuse kommen und versuchen, ihnen das Brot wegzunehmen.

Als der Junge das hörte, holte er sein Kätzchen. Er nahm es aus dem Sack und hielt es auf dem Arm, um abzuwarten, bis die Mäuse kämen. Kaum lag das Brot auf dem Tisch, kamen die Mäuse in Scharen.

Der Junge ließ das Kätzchen los, und als das Kätzchen die Mäuse packte und erwürgte, piepsten die Mäuse und flohen Hals über Kopf, soweit sie sich noch retten konnten.

Die Katze hatte etwa die Hälfte der Mäuse getötet. die anderen aber versteckten sich in ihren Löchern.

Als die Leute auf der Insel sahen, daß das Kätzchen so tüchtig war, staunten sie sehr und baten den Jungen er sollte es ihnen verkaufen. Der Kaufmann sah, daß das Kätzchen an diesem Ort sehr dringend gebraucht wurde. Da fragte er die Leute, wieviel Tausende sie ihm geben würden, wenn er ihnen das Kätzchen dortließe, damit es ihnen die Mäuse vernichte und sie von der Mäuseplage errette.

„Soviel du verlangst, soviel geben wir dir, nur erbarme dich, bitte, und verkaufe uns das Kätzchen."

Die Leute gaben ihm so viel Geld, wie er wollte, dann aber fuhren der Kaufmann und der Junge auf den Markt, zu dem sie auf dem Wege gewesen waren. Der Junge kaufte doppelt soviel Ware wie sein Dienstherr und wurde ein großer Kaufmann.

So vermehrt sich ehrlich erworbenes Geld.

Tilde Michels

Meine Amina

Die Entführung mit der Kutsche war eine Gemeinheit gewesen. Viel schlimmer aber war, was am Waschtag geschah.

Alle vier Wochen wurde große Wäsche gewaschen. Die Mieter benutzten die Waschküche im Keller abwechselnd. Wer Waschtag hatte, bekam vom Hauswirt zwei Schlüssel; einen für die Waschküche, einen für den Hinterhof, wo die Wäsche aufgehängt wurde. Der Hof hatte ein viereckiges Rasenstück, auf dem die Kinder wunderbar hätten spielen können. Das durften sie aber nicht. Der Rasen war nur zum Bleichen der Wäschestücke da. Wenn die Sonne schien, wurden die Wäschestücke dort ausgebreitet und mit Wasser bezogen. Das zog die Flecken heraus und machte die Wäsche weiß.

Wenn Susis Mutter Waschtag hatte, weichte Lina am Abend zuvor die Wäsche in einer mächtigen Holzbütte ein. In aller Früh heizte sie dann den Kessel an.

„Nicht zu viele Kohlen, damit die Wäsche nicht überkocht!" schärfte ihr die Mutter jedesmal neu ein.

Um sieben Uhr erschien dann Frau Liebreich, die Waschfrau. Mit einem langen Holzlöffel stocherte sie in der brodelnden Waschbrühe herum. Dann wuchtete sie die tropfnassen, dampfenden Wäschestücke heraus und warf sie in eine große Zinkwanne.

Bevor Susi zur Schule mußte, schaute sie noch rasch von außen durchs Waschküchenfenster. Es stand offen. Vor lauter Dunst war Frau Liebreich kaum zu sehen. Weiße Schwaden quollen aus dem Fenster und rochen wunderbar.

Susi schnupperte und konnte sich kaum losreißen.

Frau Liebreich und Lina schleppten viele Zinkwannen voll nasser, schwerer Wäsche in den Hof zum Bleichen. Später trugen sie die Wäsche von der Bleiche wieder nach unten, weil sie noch mal ausgespült werden mußte. Dann wurde sie mit den Händen ausgewrungen, wieder hochgeschleppt und aufgehängt. Wenn es regnete, jammerten alle. Da mußte das schwere Zeug fünf Treppen hoch auf den Speicher zum Trocknen getragen werden.

An Waschtagen gab es immer Linsensuppe mit Bauchspeck.

„Das kocht von alleine", sagte die Mutter. „An Waschtagen kann man keine große Kocherei machen."

Ob Frau Liebreich überall, wo sie waschen geht, Linsensuppe mit Bauchspeck bekommt? überlegte Susi.

Am Abend zuvor half Susi Linsen sortieren. Unter den Linsen fanden sich immer welche, die schlecht waren. Die mußten aussortiert werden, sonst schmeckte die ganze Suppe danach. Und Steinchen waren auch manchmal dabei.

Susi freute sich auf den Waschtag. Wegen der Linsensuppe, wegen des Waschküchendunstes und weil das der einzige Tag im Monat war, an dem sie im Hof spielen durfte.

„Aber nur leise", mahnte die Mutter. „Die Straßenkinder darfst du nicht mitbringen."

Das wußte Susi selbst. Der Hauswirt sagte es ihr immer wieder. Er sagte, daß es eine Ausnahme sei, wenn sie am Waschtag in den Hof dürfte. Und daß die Leute im Haus Ruhe haben wollten. Und daß es schon genüge, wenn die Kinder auf der Straße so viel Krach machten.

„Aber Esther darf!" sagte Susi zur Mutter. „Zu zweit machen wir keinen Krach."

Am Nachmittag kam Esther. Sie brachte Amina im Katzenkörbchen mit.

Das Kätzchen beschnupperte die neue Umgebung, und die beiden Mädchen dachten sich Spiele für sie aus. Sie banden ein Stück Papier an eine Schnur und ließen Amina danach haschen. Sie rollten ihr einen Ball zu, den sie mit zarten Pfoten vor sich herstupste.

Aber Amina war noch klein. Wenn sie eine Weile herumgetobt hatte, wollte sie wieder ein bißchen schlafen. Sie gähnte, kroch in ihr Körbchen und rollte sich zusammen.

Da tönte Lachen und Kreischen von der Straße herüber.

„Hexe, Hexe Kaukau! Hexe, Hexe Kaukau!"

Die Kinder waren bei einem ihrer Lieblingsspiele. Die Hexe Kaukau saß in einem Versteck und wurde von den Kindern herausgelockt. „Fang uns doch! Fang uns doch!"

„Die spielen Hexe Kaukau", sagte Esther. „Komm, wir machen mit!"

„Und Amina?"

„Die schläft. Und sie kann doch nicht raus aus dem Hof, oder?"

Nein. Der Hof war rundum von Mauern umgeben, und Amina konnte noch nicht so hoch klettern. Sie war hier ganz sicher.

„Wir bleiben nicht lang", sagte Esther.

Dann liefen sie auf die Straße.

„Hexe, Hexe Kaukau!"

Wild und ausgelassen spielten sie – bis Otto plötzlich unter ihnen stand. An seinem ausgestreckten Arm baumelte und zappelte etwas Kleines, Weißes – Amina!

Esther schrie auf und stürzte sich auf Otto. Der wich aber flink aus und rannte mit langen Schritten die Straße hinunter auf die Brauerei zu. Amina maunzte jämmerlich.

„Gib sie her! Gib sie her!" Esther und Susi jagten Otto nach. Robert, Erna, Lotte und Heini hetzten hinterher.

Aber Otto hatte längere Beine. Bis die anderen ankamen, war er auf das Vordach der Brauerei geklettert. Die Kinder standen unten, baten und bettelten.

Otto zog ein hämisches Gesicht. „Soviel Geschiß um eine Judenkatze! – Da habt ihr sie!"

Er packte Amina mit beiden Händen und warf sie vom Dach hinunter auf die Straße.

Den Kindern blieb der Atem weg.

Amina drehte sich in der Luft, streckte die Pfoten aus und landete auf allen vier Tatzen. Sie war geschickt gefallen, aber als sie laufen wollte, hinkte sie und jammerte.

Esther war sofort bei ihr und nahm sie behutsam auf. Die rechte Vorderpfote hing schlaff herunter. „Die hat sie gebrochen", meinte Erna.

Esther drückte Amina an sich und streichelte sie. Ihre Tränen tropften in das Fell der kleinen Katze. Robert versuchte sie zu trösten. „Wenn es nur die Pfote ist, dann wird sie wieder." Dabei legte er seinen Arm um Esther. Aber er zog ihn gleich wieder zurück, wurde rot und wandte sich ab.

Esther wollte jetzt sofort heim. Die Mutter sollte mit ihr zum Tierarzt gehen. Susi holte das Katzenkörbchen aus dem Hof und begleitete Esther nach Hause. Dann rannte sie zu ihrer Mutter.

„So ein Dreckskerl!" jammerte sie. „Runtergeschmissen hat er Amina. Einfach vom Dach geschmissen!"

Sie heulte vor Zorn und Mitleid und Entsetzen. Und Otto? In der Aufregung um das Kätzchen hatte keiner gemerkt, daß er vom Dach geklettert und abgehauen war.

Daß der Otto so etwas Gemeines mit Amina gemacht hatte, beschäftigte die Kinder noch lange. Von Susi erfuhren die anderen, daß der Tierarzt die Pfote mit einem Steifverband umwickelt hatte. Sie heilte schnell, und die kleine Katze konnte bald wieder laufen.

Aber Esther kam jetzt seltener in die Grünestraße. Ihr Kätzchen brachte sie nie mehr mit.

Die Füchsin, der Kater und der Hahn

Es waren einmal ein Kater und ein Hahn. Die schlossen Brüderschaft, bauten sich eine kleine Hütte und lebten zusammen. Der Hahn saß zu Hause, und der Kater ging in den Wald, um etwas zu essen zu besorgen. Wenn der Kater ging, sagte er zu dem Hahn: „Bleib zu Hause sitzen! Wenn die Füchsin kommt, melde dich nicht!"

Da kam die Füchsin und rief: „Mach auf, Brüderchen Hahn!"

Der Hahn schwieg.

„Mach auf, Brüderchen Hahn!"

„Der Kater hat es mir verboten, Schwesterchen Füchsin."

„Mach schon auf, Brüderchen Hahn! Meine Hütte ist nämlich nicht geheizt. Ich brauche Feuer."

„Der Kater hat es mir verboten, Schwesterchen Füchsin."

Die Füchsin bat und bat, und schließlich machte der Hahn auf.

Da nahm sich die Füchsin das Feuer und den Hahn auch gleich. So lief sie und trug ihn fort. Der Hahn aber krähte und rief nach dem Kater:

„Brüderchen Kater!
Die Füchsin schleppt mich fort,
Durch die Ahornwälder,

Über die steilen Berge,
Durch die schnellen Flüsse,
Rette mich!"

Als der Kater das hörte, holte er die Füchsin ein und nahm ihr den Hahn ab. Er brachte ihn nach Hause schimpfte ihn tüchtig aus und sagte: „Paß auf, Hahn! Wenn die Füchsin wiederkommt, laß sie nicht herein, denn jetzt gehe ich weit fort!"

Da ging der Kater wieder Hirse holen, damit der Hahn etwas zu essen hatte. Die Füchsin aber kam gelaufen und sagte: „Mach auf, Brüderchen Hahn!"

„Der Kater hat es mir verboten, Schwesterchen Füchsin!"

„Mach auf, Brüderchen Hahn! Wenn du nicht aufmachst, schlage ich die Scheiben ein und nehme dich mit. So aber hole ich nur Feuer."

Da machte der Hahn auf. Die Füchsin nahm das Feuer und den Hahn und lief davon. Sie trug ihn, und der Hahn krähte wieder:

„Brüderchen Kater!
Die Füchsin schleppt mich fort,
Durch die Ahornwälder,
Über die steilen Berge,
Durch die schnellen Flüsse,
Rette mich!"

Der Kater hörte das nicht. Da krähte der Hahn noch einmal, noch lauter. Da hörte es der Kater, holte die Füchsin ein, nahm ihr den Hahn ab und verprügelte sie.

„Jetzt mach nie wieder auf", befahl er dem Hahn, „denn ich gehe ganz weit fort. Soviel du auch schreist, ich werde es nicht hören. Mach nicht auf, denn sie wird dich fressen!"

Die Füchsin aber kam wieder und sagte: „Mach auf, Brüderchen Hahn!"

„Der Kater hat es mir verboten, Schwesterchen Füchsin."

„Wenn du nicht aufmachst, schlage ich die Scheiben ein und nehme dich mit. So aber hole ich nur Feuer."

Sie bat und bat, aber der Hahn ließ sie nicht hinein. Da schlug sie die Scheiben ein, nahm ihn und lief davon. Der Hahn aber krähte und schrie:

> „Brüderchen Kater!
> Die Füchsin schleppt mich fort,
> Durch die Ahornwälder,
> Über die steilen Berge,
> Durch die schnellen Flüsse,
> Rette mich!"

Nein, der Kater hörte ihn nicht. Der Hahn krähte noch einmal, er hörte ihn nicht. Aber als er das dritte Mal krähte, hörte es der Kater ganz, ganz leise. Er lief hinterher, holte ihn aber nicht ein. Da kam er nach Hause und war ganz traurig. Was sollte er tun? Der Hahn war doch sein Freund. Er überlegte und überlegte.

Da machte er sich eine Geige, nahm einen Hammer und einen bunten Sack und zog los. Er kam zur Hütte der Füchsin, stellte sich dort hin und spielte:

>„Ei, ei, trallala,
>Hat doch unsere Füchsin da
>Vier sehr schöne Töchterlein
>Und 'nen Sohn, Pylypko klein.
>Komm heraus und hör dir an,
>Wie so gut ich spielen kann!"

Als die älteste Tochter der Füchsin das hörte, sagte sie: „Mama, ich gehe nachsehen, wer dort so schön spielt."

„Gut, aber halt dich nicht auf, denn wir wollen gleich den Hahn schlachten."

Sie ging hinaus, der Kater gab ihr – tap! – eins vor den Kopf, steckte sie in den Sack und sang wieder:

>„Ei, ei, trallala,
>Hat doch unsere Füchsin da
>Vier sehr schöne Töchterlein
>Und 'nen Sohn, Pylypko klein.
>Komm heraus und hör dir an,
>Wie so gut ich spielen kann!"

Da sagte die zweite Tochter: „Ich will doch auch mal hinausgehen."

Sie ging hinaus, der Kater schlug ihr – tap! – eins vor den Kopf, steckte sie in den Sack und spielte wieder.

Der zweiten folgte die dritte Tochter und die vierte. Alle waren schon in dem Sack. Pylypko aber wartete und wartete und sagte: „Ich werde mal hinausgehen, Mama, und sie holen. Warum sie so lange dort draußen bleiben? Wir müssen doch den Hahn schlachten."

„Geh und sag, sie sollen den Hahn rupfen! Ich will ihn gleich schlachten."

Er ging. Der Kater schlug auch ihm – tap! – eins vor den Kopf und steckte ihn in den Sack.

Die alte Füchsin wartete und wartete. Niemand kam.

„Ja", sagte sie, „dann muß ich wohl selber hinaus. Es ist schon spät, wir müssen doch den Hahn schlachten."

Sie ging hinaus. Aber der Kater schlug auch ihr – tap! – eins vor den Kopf und steckte sie in den Sack. Dann ging er in die Hütte der Füchsin, ließ den Hahn aus dem Käfig, und dann kamen der Hahn und der Kater nach Hause und lebten friedlich miteinander.

Lilian Jackson Braun

Kleine Katze –
Großer Schnurrbart

Im Vergleich zu den anderen Landgütern der Umgebung war Hopplewood Farm in seinen Ausmaßen eher bescheiden zu nennen; es war jedoch gerade groß genug, um die Bedürfnisse von Mr. und Mrs. Hopple und ihren drei Kindern zu befriedigen. Das Anwesen bestand aus einem Haus mit acht Schlafzimmern, einer Garage für sechs Autos, einem Swimmingpool, Putting green, Stallungen mit angrenzender Koppel, einer Wiese, groß genug, um als Flugfeld für Mr. Hopples kleines Geschäftsflugzeug zu dienen, und natürlich den Dienstbotenunterkünften, dem Gewächshaus und dem Hangar.

Das Haus war eine ehemalige Mühle, deren riesiges Mühlenrad sich längst nicht mehr drehte.

Die Hopples, deren Vorfahren zu den ersten Siedlern in Amerika gehört hatten, waren herzensgute, patente Menschen mit einem schlichten Geschmack, die Familienleben und die Liebe zur Natur großschrieben. Sie liebten Picknicks im Grünen und Campingtouren in ihrem großen Wohnmobil und umgaben sich gern mit Tieren. Abgesehen von vier arabischen Zuchtstuten bester Abstammung und dem Kutschpony, gab es vier abgerichtete Jagdhunde, einen Stall mit Angorahasen, polnische Hühner, die seltsam gefärbte Eier legten, und im Haus ... vier exotische Katzen, in der Familie allgemein als die „Gang" bekannt.

Und für kurze Zeit gab es da noch eine aus der Art geschlagene Katze mit überdimensionalem Schnurrbart.

Die „Gang" bestand aus zwei Siamkatzen, einer Schildpatt-Perserkatze und einer rothaarigen Abessinierkatze. Die Stammbäume der vier waren beeindruckend, und die Tiere schienen das zu wissen. Niemals machten sie sich ihre Pfoten bei Spaziergängen im Freien schmutzig. Sie waren glücklich in ihrer geräumigen Suite mit Plüschteppich, zahllosen Kissen, einer gepolsterten Leiter, heimlichen Kuschelecken und vier Schlafkörben. Lichte Fenster gaben den Blick auf das Wasserrad frei, in dem zu dieser Jahreszeit die Vögel gerade ihre Nester bauten. Für schönes Wetter gab es einen abgeschirmten Balkon. Im Badezimmer standen vier Katzentoiletten mit ihren Namen.

Als die Katze mit dem überdimensionalen Schnurrbart auftauchte, war es Anfang Juni. Zu diesem Zeitpunkt lebte nur eines der Hoppleschen Kinder zu Hause: Donald, ein sechsjähriger Junge mit großen, staunenden Augen. Er wurde täglich zu einer Privatschule im nächsten Distrikt chauffiert. John besuchte eine Kadettenschule in Ohio, und Mary war in einem Mädchenpensionat in Virginia untergebracht.

Donald besaß einen Computer, ein Teleskop und eine Videothek; ferner hattte er eine eigens seinem Alter angepaßte Gitarre, eine Golfausrüstung und einen Astronautenanzug der NASA. Zum großen Kummer des Vaters hatte kein einziges dieser Stücke bisher auch nur einen Funken Interesse bei Donald geweckt. Donalds größtes Vergnügen war es, mit gewöhnlichen Hauskatzen, die im Stall wohnten, herumzutollen und ihnen Gutenachtgeschichten zu erzählen.

Dieses Thema kam auch eines Freitagabends Anfang Juni zur Sprache. Mr. Hopple war mit seinem Privatflugzeug aus Chicago zurückgekehrt, nachdem er eine zehntägige Geschäftsreise in den Nahen Osten beendet hatte. Am Flugzeug auf der Wiese erwartete ihn bereits der Geländewagen, und seine Frau begrüßte ihn glücklich, während sein Sohn vor Aufregung hin und her hüpfte und seinen Aktenkoffer tragen wollte.

Anschließend, während der kleine Donald sich duschte und zum Abendessen umzog, genossen die Eltern die Cocktailstunde im Herrenzimmer.

Mr. Hopple schenkte Champagner ein und sprach einen gefühlvollen Trinkspruch auf seine schöne Frau aus. Es war zwanzig Jahre her, seit Mrs. Hopple amerikanische Schönheitskönigin gewesen war, doch sie hatte nichts von ihrer Attraktivität eingebüßt; gleichgültig, ob sie ein Pariser Modellkleid auf einem Wohltätigkeitsball oder Designerjeans auf dem Landsitz trug.

„Und jetzt erzähl mir, was unsere Sprößlinge machen", bat Mr. Hopple. „Ich mußte die ganze Woche über an sie denken."

„Gute Nachrichten von John", begann seine Frau und strahlte. „Er hat schon wieder zwei Einsen in Mathematik geschrieben und ist ins Golfteam aufgenommen worden. Im Sommer möchte er in ein Camp mit Schwerpunkt Mathematik. Aber vorerst hat er fünf Freunde übers Wochenende nach Hause eingeladen. Sie wollen fischen und auf die Jagd gehen."

„Prächtiger Junge! Mit ausgewogenen Interessen. Vielversprechend. Was ist mit Mädchen? Ist er schon interessiert?"

„Das glaube ich nicht, Liebling. Er ist erst zehn. Mary hat dieses Wochenende ihr erstes Rendezvous. Mit dem Sohn eines Botschafters ..."

„Botschafter für welches Land?" warf Mr. Hopple hastig ein.

„Für irgendein südamerikanisches, glaube ich. Übrigens hat sie dieses Frühjahr sämtliche Reitturniere gewonnen. Sie fragt uns, ob sie Polo spielen darf. Ihre Zensuren sind exzellent. Sie fängt an, von Harvard und Betriebswirtschaft zu reden ..."

„Prächtiges Mädchen! Dann heißt es wohl eines Tages ‚Hopple & Tochter AG'. Und wie macht sich Donald?"

Mrs. Hopple glühte vor Glück. „Sein Lehrer sagt, er sei seiner Altersgruppe im Lesen drei Jahre voraus und hätte eine rege Phantasie. Vielleicht haben wir bald einen Literaten in der Familie, Liebling. Donald denkt sich dauernd kleine Geschichten aus."

Mr. Hopple schüttelte bedauernd den Kopf. „Ich hatte mir für Donald etwas Vielversprechenderes vorgestellt. Wieviel Zeit verbringt er eigentlich mit seinem Computer und dem Teleskop?"

„Überhaupt keine. Aber wir sollten ihn nicht drängen. Er ist ein intelligentes, gewissenhaftes Kind. Und so lieb. Im Augenblick interessiert er sich nur für Katzen. Die Gescheckte im Stall hat letzten Monat Junge bekommen, und Donald betreut sie wie ein Vater. Manchmal denke ich, daß er vielleicht Tierarzt werden könnte."

„Die Vorstellung, meinen Sohn eines Tages als ‚Pferdedoktor' zu sehen, reizt mich offen gestanden wenig. Da ist mir ein Schriftsteller in der Familie doch lieber." Mr. Hopple schenkte Champagner nach. „Und was macht der Haushalt, Liebes?"

„Die Woche war ziemlich ereignisreich, Liebling. Ich habe mir eine Liste gemacht. Erstens: Mittwochnacht scheint es einen Stromausfall gegeben zu haben; sämtliche elektrische Uhren sind am Donnerstag siebenundvierzig Minuten nachgegangen. Dabei hatten wir kein Gewitter. Leider. Wir brauchen dringend Regen. Und seit diesem Stromausfall ist der Fernsehempfang miserabel. Der Elektriker hat sämtliche Apparate durchgecheckt und nichts gefunden. Das Personal ist ziemlich aufgebracht.

„Und was gibt's sonst Neues beim Personal?"

„Einiges. Beide Mädchen sind schwanger ... Den Stallburschen mußte ich wegen seiner ordinären Ausdrucksweise entlassen ... Und die Köchin verlangt höhere Zulagen."

„Gib ihr, was sie verlangt", entschied Mr. Hopple. „Wir können es uns nicht leisten, Suzette zu verlieren. Mit den Gärtnern ist vermutlich alles in bester Ordnung?"

Mrs. Hopple warf einen Blick auf ihre Liste. „Mr. Bunsens Arthritis ist schlimmer geworden. Wir sollten noch einen Gehilfen für ihn einstellen."

„Am besten nimmst du gleich zwei. Er ist ein treuer Angestellter", erklärte ihr Mann. „Bist du mit dem neuen Butler zufrieden?"

„Da hab' ich nur eins auszusetzen: Wenn er Donald zur Schule fährt, jagt er dem Jungen mit unsinnigen Geschichten über russische Verschwörungen, Außerirdische und Gift in unserem Essen Angst ein."

„Ich werde umgehend mit dem Mann reden. Hast du schon Ersatz für den Stalljungen gefunden?"

„Ja, zum Glück. Der Schuldirektor hat mir einen Schulabgänger geschickt, der eine anständige Sprache spricht. Er hat gute Manieren und gerade einen landesweiten Wissenschaftswettbewerb gewonnen. Vielleicht hat er einen guten Einfluß auf unseren Sohn, Liebling. Donald hat heute zum ersten Mal seinen NASA-Anzug angehabt."

„Klingt vielversprechend. Wie heißt der Junge?"

„Bobbie Wynkopp. Seine Eltern wohnen in dem kleinen Haus hinter unserem Südtor."

„Erinnere mich bitte, daß ich ihn frage, ob ihm Fremde auf der Süd-Weide aufgefallen sind. Bevor wir heute nachmittag zur Landung angesetzt haben, habe ich von oben die Überreste eines offenen Feuers entdeckt. Gegen Ausflügler, die da Picknick machen, habe ich nichts. Aber für ein Feuer ist es jetzt viel zu trocken."

Es ertönte ein melodiöser Gong. Die Hopples kleideten sich an und gingen zum Abendessen hinunter.

Donald erschien bei Tisch in seinem weißen, italienischen Seidenanzug, sonnte sich im Wohlwollen der Eltern und wartete gespannt darauf, daß man das

Wort an ihn richtete. Nachdem das Mädchen die Vorspeise serviert hatte, sagte Mr. Hopple: „Na, junger Mann, hast du diese Woche etwas Aufregendes erlebt?"

„Ja, Sir", antwortete der Junge, und seine großen Augen glänzten. „Ich habe eine ganz komische Katze im Stall entdeckt." Donald saß auf zwei Kissen und machte sich mit seinem Kinderbesteck an das Essen. „Keine Ahnung, woher der Kater stammt. Er hat *so* lange Schnurrbarthaare." Donald hob beide Hände und deutete vage eine Strecke von fünfzig Zentimetern an.

„Klingt fast wie Seemannsgarn", bemerkte Mr. Hopple augenzwinkernd.

Donald lächelte über die amüsierte Reaktion des Vaters. „Aber es stimmt. Er ist für so lange Barthaare viel zu klein. Er ist ganz sonderbar."

„Die Schnurrbarthaare wirken bei Katzen manchmal lang, wenn die Tiere noch klein sind", warf die Mutter sanft ein. „Sie müssen erst noch wachsen."

Donald schüttelte den Kopf. „Das ist kein junger Kater, Mutter. Er benimmt sich wie eine ausgewachsene Katze. Manchmal sind seine Schnurrbarthaare lang ... manchmal sind sie kurz. Es ist wirklich komisch. Ich habe ihn ‚Schnurrbart' getauft."

„Ist ja interessant." Sein Vater versuchte ernst zu bleiben. „Ausfahrbare Schnurrbarthaare."

„Sie werden ganz lang, wenn er etwas sucht", erklärte Donald weiter. „Und er steckt seinen Rüssel überall hinein. Er ist schrecklich neugierig."

„Schätzchen, wir sagen ‚Nase‘", verbesserte seine Mutter ihn gelassen.

„Seine Schnurrbarthaare leuchten im Dunkeln", fuhr der Junge mit wachsendem Selbstbewußtsein fort. „Wenn er in einer dunklen Ecke ist, flimmern sie grün wie unsere Computer-Bildschirme. Und seine Ohren bewegen sich immer im Kreis." Donald ließ seine Finger kreisen. „So kann er auch fliegen. Er geht hoch wie ein Helikopter."

Die beiden Erwachsenen wechselten hastig einen Blick. „Dein Mr. Schnurrbart ist ja ein schlauer Bursche", bemerkte Mr. Hopple. „Welche Farbe hat er denn?"

Donald dachte einen Moment nach. „Manchmal ist er blau. Aber meistens ist er grün. Gestern habe ich sogar gesehen, wie er dunkelrot geworden ist. Da war er nämlich stinkwütend."

„Ärgerlich, mein Junge", verbesserte die Mutter ihn leise. „Und was hält der neue Stalljunge von Schnurrbart?"

„Bobbie konnte ihn nicht sehen. Schnurrbart mag keine Großen. Wenn er Erwachsene sieht, verschwindet er. Peng! Einfach so!"

Mrs. Hopple klingelte nach dem nächsten Gang. „Und welche Laute gibt dieses herrliche Tier von sich, Liebes? Schreit es so schrill wie die Siamkatze, oder miaut es wie die anderen?"

Donald überlegte sich die Antwort, während er den letzten Bissen Lauch ordentlich ordnungsgemäß kaute und hinunterschluckte. Dann sprudelte eine ganze Folge seltsamer Laute aus ihm heraus: „AWK AWK ngngngngng hhhhhhhhhhhhhhh beep-beep-beep beep-beep-beep AWK."

Das Dienstmädchen, das ins Speisezimmer kam, um abzuräumen, machte eine besorgte Miene und musterte Donald mißtrauisch, während sie den zweiten Gang servierte.

Da rief der Junge plötzlich: „Er ist da! Da ist Schnurrbart!" Donald zeigte zum Fenster. Doch als die Erwachsenen ihre Köpfe wandten, war Schnurrbart bereits wieder verschwunden.

Der Hauptgang des Abendessens war eines jener ländlich einfachen Gerichte, die die Hopples so liebten: ein Eintopf aus weißen Bohnen, Lamm, Schweinerippen, hausgemachten Würstchen, Kräutern und einem kleinen gepökelten Fasan. Die Köchin, aus einer französischen Weingegend stammend, wollte mit Mikrowellenherden oder anderen modernen Haushaltsgeräten nichts zu tun haben. Die Hopples hatten daher eine altmodische Küche mit einem riesigen alten Steinofen errichten lassen, um Suzette bei Laune zu halten. Mit dem Übergang zum Hauptgericht vollzog sich auch ein Themawechsel, so daß die Mahlzeit endete, ohne daß Schnurrbart noch einmal erwähnt wurde.

Nach dem Essen machte sich Donald an die Fütterung der Gang, was zu seinen täglichen Pflichten gehörte. Er trug ihr Essenstablett hinauf, wusch ihre antike silberne Trinkschale und füllte sie mit frischem Wasser. Währenddessen wurde seinen Eltern in der Bibliothek der Kaffee serviert.

„Du hast recht mit dem Jungen", bemerkte Mr. Hopple. „Seine Phantasie geht mit ihm durch."

„Vermutlich ist Donalds Geschichte nur die übertriebene Wiedergabe einer tatsächlichen Begebenheit", beschwichtigte seine Frau. „Wahrscheinlich ist es wirklich eine ungewöhnliche Katze. Vielleicht ist sie herrenlos, war als schwächste eines Wurfs unerwünscht und wurde einfach aus dem fahrenden Wagen geworfen."

„Du hast doch immer für alles eine Erklärung, Liebes. Und du bist so tüchtig. Hast du schon Pläne fürs Wochenende?"

„Nein, Liebling. Ich wußte, daß dir die Zeitverschiebung noch zu schaffen machen würde. Aber ich habe die Enkelkinder des Gärtners eingeladen, mit Donald zu Mittag zu essen. Sie sind in seinem Alter, und er sollte gelegentlich mit den Kindern hier aus dem Ort zusammenkommen."

Am Samstag frühstückten die Hopples gewöhnlich in großem Stil im Glashaus, doch da beide Mädchen am darauffolgenden Morgen unter Übelkeit litten, versammelte sich die Familie in der Küche.

Nach dem Frühstück sagte Donald: „Mutter, kann ich was vom Katzenfutter der Gang mit in den Stall zu den kleinen Katzen nehmen?"

„Darf ich, heißt das, Schätzchen", verbesserte sie ihn sanft. „Ja, du darfst. Aber überlege mal, ob es sinnvoll ist, sie zu verwöhnen. Schließlich sind es nur Stallkatzen."

„Zwei der kleinen Katzen sind sehr schlau, Mutter. So schlau wie die Siamkatzen."

„Also gut, Donald. Ich verlass' mich auf dich."
Nachdem er gegangen war, wandte sie sich an ihren

Mann: „Siehst du? Die Geschichte mit Schnurrbart war reine Phantasie. Er hat sie schon vergessen ... Und denke bitte daran, Bobbie nach der Feuerstelle zu fragen."

Ihr Mann dankte ihr dafür, daß sie ihn erinnert hatte, und rief die Stallungen über die Haussprechanlage an. „Morgen, Bobbie. Hier spricht Hopple. Wir kennen uns noch nicht, aber ich habe nur Gutes von Ihnen gehört."

„Danke, Sir."

„Wie ich erfahren habe, wohnen Sie in der Nähe des Südtors. Sind Ihnen kürzlich zufällig Fremde auf der Weide aufgefallen? Jemand hat dort ein Feuer gemacht, und das paßt mir gar nicht."

„Nein, Sir. Ich hab' niemanden gesehen", antwortete der neue Stalljunge. „Allerdings bin ich drei Tage bei einem Wettbewerb gewesen."

„Falls Ihnen irgend etwas auffällt, rufen Sie uns bitte sofort an ... jederzeit."

„Ist klar", sagte Bobbie.

„Und noch etwas. Sind Ihnen ungewöhnliche Katzen im Stall oder sonstwo aufgefallen?"

„Nur eine alte Katze mit ihrem Wurf."

„Kein komischer streunender Kater mit langen Schnurrbarthaaren?"

Am anderen Ende entstand eine kurze Stille, bevor der junge Mann antwortete: „Nein. Ich habe nur merkwürdige Geräusche gehört. Klang wie das Quaken von Enten. Ein elektronisches Piepen war auch dabei. Aber ich konnte nicht feststellen, woher es kam."

„Danke, Bobbie. Machen Sie weiter so."

Mr. Hopple schaltete die Sprechanlage aus und wandte sich an seine Frau. „Donald produziert diese lächerlichen Geräusche auch im Stall. Wie lange soll das noch so weitergehen, ohne daß wir einen Arzt konsultieren?"

„Liebster, er spielt den anderen doch nur einen Streich. Irgendwann legt sich das. Es ist ganz normal, daß sich Kinder in dem Alter eine Phantasiegestalt ausdenken, mit der sie sich unterhalten."

„Also *ich* habe das nie gemacht", erklärte ihr Mann und verschwand in seinem Arbeitszimmer, wo er nicht gestört werden durfte.

Kurz vor zwölf Uhr mittags fuhr der Butler mit dem Mercedes in die Stadt, um die Bunsen-Zwillinge, ein Mädchen und einen Jungen, abzuholen. Mrs. Hopple empfing sie und händigte den Kindern einen Picknickkorb aus, in den die Köchin Essen gepackt hatte, das gut für zwölf Personen ausgereicht hätte. „Steck bitte deinen Piepser ein, Donald, Schätzchen", erinnerte sie den Jungen. „Ich melde mich, wenn es Zeit ist, deine Gäste zurückzubringen."

Donald fuhr die Zwillinge in seinem Ponywagen zur Weide. Da er bereits genügend Gelegenheit gehabt hatte, seinen Vater bei gesellschaftlichen Ereignissen zu beobachten, spielte er die Rolle des Gastgebers schon recht gut, und das Picknick verlief friedlich. Keiner fiel hin. Niemand zankte. Keinem wurde schlecht.

Als Mrs. Hopple ihren Sohn „anpiepte", fuhr er seine Gäste zum Haus zurück; ein kurzer Abstecher zum Hundezwinger, dem Kaninchen- und Hühnerstall und den Pferden war inbegriffen.

„Habt ihr euch gut amüsiert?" fragte Mrs. Hopple die Zwillinge.

„Ich habe vier Schokoladenkekse gegessen", sagte der Junge.

„Meine Mutter hat mir gesagt, daß ich mich bedanken soll", sagte das Mädchen.

„Ich hab' 'ne Schlange gesehen", berichtete der Junge.

„Ich hab' Schnurrbart gesehen", trumpfte das Mädchen auf.

„Er ist grün."

„Nein, blau mit grünen Schnurrbarthaaren."

„Seine Augen leuchteten."

„Aus seinen Schnurrbarthaaren kommen Funken."

„Er kann fliegen."

„Wirklich?" fragte Donalds Mutter. „Hat er vielleicht auch mit euch gesprochen?"

Die Zwillinge sahen sich an. Dann begann der Junge plötzlich wie eine Ente zu quaken, und das Mädchen machte: „Beep beep beep."

Mrs. Hopples erster Gedanke war, daß Donald die beiden angestiftet hatte. Die Sache mit den Funken allerdings machte sie unsicher. Aufgrund der Tatsache, daß sie so weitab auf dem Land wohnten, hatten sämtliche Hopples eine nur zu verständliche Angst vor Feuer. Sie verließ das Haus und fuhr mit einem Moped zum Stall.

Bobbie trainierte ein Pferd in der Koppel. Donald spannte das Pony aus. Die Stallkatzen tollten herum.

Von einem Wesen mit funkensprühendem Schnurrbart war nichts zu sehen. Schließlich gewann ihr sprichwörtlicher Optimismus wieder die Oberhand.

Auf dem Rückweg zum Haus überholte sie den arthritischen Obergärtner, der sich mit einem Korb voller Tulpen und Narzissen den Berg hinaufquälte. Sie schimpfte ihn freundlich. „Mr. Bunsen, warum haben Sie nicht einen Ihrer Gehilfen mit den Blumen geschickt?"

„Muß in Bewegung bleiben", antwortete er. „Sonst wollen die alten Knochen gar nicht mehr."

„Mr. Hopple stellt noch mehr Helfer für Sie ein."

„Das nützt nichts. Heutzutage will doch keiner mehr arbeiten."

„Sie haben übrigens reizende Enkelkinder, Mr. Bunsen. Wir haben uns gefreut, daß sie uns mal besucht haben."

„Die sehen viel zuviel fern", klagte der alte Mann. „Sehen Sie mal, wie braun das Gras wird. Seit zehn Tagen hatten wir keinen Tropfen Regen mehr! Außerdem haben wir irgendein Vieh im Gewächshaus. Es frißt sämtliche Geranienknospen ab. Und der Traktor ist kaputt. Ich weiß auch nicht, was los ist. Heute nachmittag hat er einfach den Geist aufgegeben."

„Rufen Sie gleich Montagmorgen den Mechaniker an", riet Mrs. Hopple ihm aufmunternd. „Er soll das vorrangig erledigen."

„Das nützt nichts", wehrte der Gärtner ab. „Die kommen heutzutage, wann sie wollen."

Mrs. Hopples Frohnatur konnte der Pessimismus des Gärtners nichts anhaben. Während sie stumm ein paar Verse zitierte, trug sie die Blumen in den vollständig ausgekachelten Schuppen. Dort wählte sie aus den etwa fünfzig Vasen einige geeignete aus, als ein Aufruhr in der angrenzenden Küche ihre Neugier erregte.

In der Küche stand Suzette am mittlerweile kalten, gesäuberten Ofen, klapperte rastlos mit Töpfen und Pfannen und schrie etwas in den Kamin hinauf. Dem englisch-französischen Kauderwelsch der Köchin entnahm Mrs. Hopple, daß ein *diable* oben auf dem *toit* versuchte, durch den *cheminée* in die Küche zu gelangen.

Mrs. Hopple lobte die Köchin, weil es ihr gelungen war, den Teufel vom Dach zu jagen, versicherte ihr jedoch, daß der Kamin so gesichert sei, daß nichts und niemand von oben in ihre Küche eindringen könne.

Wieder im Schuppen entschied sie sich für einen silbernen Champagnerkübel für die Tulpen und suchte nach einem geeigneten Gefäß für die Narzissen, als die Hauptsprechanlage klingelte.

„Der Traktor ist wieder in Ordnung, Miss Hopple", erklärte der Gärtner. „Er ist ganz von selbst wieder angesprungen. Aber im Glashaus sind ein paar Scheiben gesprungen."

Sie dankte Mr. Bunsen und wandte sich ihren Blumen zu. Als sie die Narzissen in einem Kupferkrug arrangierte, stürmte Donald in den Schuppen. „Ich habe dich schon gesucht, Mutter", begann er unglücklich. „Die Kaninchen sind weg! Ich glaube, die hat jemand gestohlen."

„Nein, Schätzchen", erwiderte sie ruhig. „Ich denke, du findest sie im Gewächshaus. Da fressen sie sich an Geranienknospen satt. Was hältst du von Erdbeeren-Chantilly heute abend?" Es war das Lieblingsdessert der Familie. Donald hüpfte vor Freude und umarmte die Mutter.

An diesem Nachmittag hatte Mrs. Hopple vor, zur Erdbeerplantage zu fahren, frische Früchte zu holen und anschließend bei der Meierei noch Sahne mitzunehmen.

Zuerst jedoch lief sie in den ersten Stock, um ein Tuch fürs Haar auszusuchen. Dabei kam sie an der Tür zur Katzensuite vorbei und hörte Donald drinnen diese lächerlichen Geräusche machen, auf die die Katzen schreiend und miauend antworteten. Die Hand bereits auf dem Türknauf beschloß sie dann jedoch, ihren Sohn mit ihrer Anwesenheit nicht in Verlegenheit zu bringen.

Als sie kurz darauf zurückkehrte, kam Donald mit zufriedener Miene aus der Katzensuite.

„Amüsierst du dich, Schätzchen?" fragte sie.

„Schnurrbart war dort drinnen", verkündete. „Er ist am Mühlenrad herumgeklettert und hat durchs Fenster geschaut. Ich hab' ihn reingelassen. Er mag unsere Katzen ganz doll."

„Er mag unsere Katzen sehr, Schätzchen", verbesserte die Mutter ihn. „Hoffentlich hast du das Fenster wieder zugemacht. Wir wollen doch nicht, daß die Gang rausklettert, oder?"

Beschwingt ging Mrs. Hopple in die Garage und glitt hinter das Steuer ihres Ferrari. Sie drückte auf einen Knopf, und das Verdeck öffnete sich automatisch. Dann drehte sie den Zündschlüssel im Schloß. Nichts geschah. Der Motor gab keinen Laut von sich. Sie versuchte es erneut, aber sosehr sie sich auch anstrengte, fast beschwörend auf den Motor einredete, es rührte sich nichts.

Der Butler hatte die Zwillinge mit dem Mercedes in die Stadt gebracht und war noch nicht zurück. Trotzdem standen ihr noch drei weitere Autos zur Verfügung. Sie stieg in den Rolls. Aber auch er sprang nicht an. Dasselbe erlebte sie mit dem Cadillac und dem Jeep.

Irgend etwas stimmte da nicht.

Resolut marschierte sie zum Haus zurück und ging zu ihrem Mann, der sich mit Computer, Aktenkoffer und Diktiergerät in seinem Arbeitszimmer verschanzt hatte. Er hörte sich ihre unglaubliche Geschichte an, seufzte und schickte sich an, sich die Bescherung selbst anzusehen, während Mrs. Hopple ein paar Atemübungen machte, um ihr seelisches Gleichgewicht wiederherzustellen.

„Alles in Ordnung", erklärte Mr. Hopple bei seiner Rückkehr. „Alle Wagen springen an. Die Türen gehen auf. Ich glaub', du brauchst mal Tapetenwechsel, Kleines. Wir essen heute abend auswärts. Suzette kann mit Donald essen."

„Das ist leider unmöglich, Liebling. Es soll Erdbeeren-Chantilly geben. Ich hab's Donald fest versprochen."

Somit blieben die Hopples zu Hause und genossen einen altmodischen Familienabend. Das Essen wurde auf der Terrasse serviert. Anschließend spielte man Rasen-Krocket und briet Popkorn auf dem offenen Feuer im Kamin. Donald erwähnte Schnurrbart mit keinem Wort, und seine Eltern schnitten das Thema auch nicht an.

Am Sonntagmorgen, als der frühsommerliche Sonnenaufgang und das Singen der Vögel alle zu einer unchristlichen Zeit zu wecken versuchten, klingelte auf Hopplewood Farm das Telefon.

Mr. Hopple stützte sich schläfrig auf einen Ellbogen und starrte blinzelnd auf den elektronischen Digitalwecker auf dem Kaminsims. „Halb fünf! Wer ruft denn jetzt an?"

Mrs. Hopple setzte sich abrupt im Bett auf. „Auf der alten mechanischen Uhr ist es fünf Uhr fünfundzwanzig. Wir hatten wieder einen Stromausfall."

Ihr Mann räusperte sich und nahm den Hörer ab. „Ja, bitte?"

„Morgen, Mr. Hopple. Bobbie Wynkopp hier. Entschuldigen Sie die frühe Störung, aber Sie hatten mir gesagt, falls ich etwas sehe ..."

„Ja, Bobbie. Was gibt's?"

„Die Feuerstelle auf der Weide, Sir ... Wie groß war die?"

„Hm, soweit ich das von oben beurteilen konnte, vielleicht drei Meter im Durchmesser. Jedenfalls war es ein kreisrunder, brauner Fleck."

„Tja, es ist genauso einer wieder da."

„Wie bitte? Haben Sie jemanden auf der Weide gesehen?" Mr. Hopple war plötzlich hellwach.

Am anderen Ende war es still. „Mr. Hopple, Sie

werden's nicht glauben, aber diese Nacht bin ich aufgewacht, weil es plötzlich taghell war. Ich schlafe unterm Dach auf der Seite zur Weide hin. Alles war in grünliches Licht getaucht. Ich habe aus dem Fenster gesehen ... Sie werden's nicht glauben, Mr. Hopple."

„Nun sagen Sie's schon, Bobbie. Bitte."

„Also da ist dieses Flugobjekt gelandet. Sah überhaupt nicht wie Ihr Flugzeug aus, Mr. Hopple. Es war kreisrund wie ein Frisbee. Es kam einfach so aus der Luft ... sehr langsam, lautlos. Und es hat grell geleuchtet."

„Falls Sie damit sagen wollen, daß Sie eine fliegende Untertasse gesehen haben, Bobbie, dann müssen Sie das geträumt haben. Oder Sie haben Halluzinationen."

„Ich war hellwach, Sir. Das schwöre ich. Und ich nehme keine Drogen. Das wird Ihnen hier jeder bestätigen."

„Weiter, Bobbie."

„Das Komische war ... es war so klein! Viel zu klein für eine Mannschaft. Es sei denn, die Leute wären höchstens dreißig Zentimeter groß gewesen. Das Ding ist gelandet und hat merkwürdige elektronische Geräusche verbreitet. Ich hab's ganz deutlich gesehen. Über der Weide lag Nebel. Ich bin runtergerannt und habe das Fernglas meines Vaters gesucht. Ich hab's erst gar nicht gefunden. Sämtliche Lichter gingen nicht. Wir lagen völlig im Dunkeln ... Hören Sie noch, Mr. Hopple?"

„Ja, ich höre. Was ist mit Ihren Eltern? Haben sie das Flugobjekt auch gesehen?"

„Nein, leider nicht. Jetzt halten mich bestimmt alle für verrückt. Meine Mutter macht Nachtdienst im Krankenhaus, und wenn mein Vater schläft, weckt ihn nichts auf."

„Und was haben Sie mit dem Fernglas gesehen?"

„Nichts mehr. Es war zu spät. Sie waren bereits wieder gestartet. Langsam hob es vom Boden ab, und dann war's verschwunden. Das ist kein Witz. Jedenfalls konnte ich danach nicht mehr schlafen. Als es hell wurde, bin ich sofort raus auf die Weide. Das Flugobjekt hat einen braunen kreisrunden Fleck ins Gras gebrannt ... Einen Kreis von gut drei Metern Durchmesser. Sie können ihn sich selbst ansehen. Vielleicht sollten Sie die Stelle auf Radioaktivität hin untersuchen lassen. Vielleicht sollten Sie lieber nicht in die Nähe gehen."

„Danke Bobbie. Das war wirklich äußerst interessant. Wir sprechen später noch drüber. Ich werde mich jetzt erst mal informieren. Vorerst würde ich an Ihrer Stelle mit niemandem darüber sprechen."

„Mit niemandem. Keine Sorge, Mr. Hopple."

„War das der Stalljunge?" fragte seine Frau. „Stimmt was nicht? ... *Liebling, ist was passiert?*"

Mr. Hopple war ans Südfenster getreten und starrte zur Weide – ein Bild des Kummers. „Wie bitte? Was hast du gesagt? Der Junge hat mir eine wilde Geschichte erzählt ... Drei Meter im Durchmesser! Er hat recht. Das ist erstaunlich klein."

Es gab einen dumpfen Knall, als sich der Sechsjährige gegen die Schlafzimmertür warf und hereinstürmte.

„Schätzchen", begann seine Mutter. „Man klopft an, bevor man ein Zimmer betritt."

„Sie sind weg! Sie sind einfach weg!" rief er in kindlicher Erregung. „Ich wollte ihnen guten Morgen sagen, aber keiner war da."

„Wer war nicht da, Herzchen?"

„Die Gang! Sie sind aus dem Fenster und über das Mühlrad geklettert."

„Donald! Hast du das Fenster offengelassen?"

„Nein, Mutter. Die Fensterscheibe ist im Eimer. Zerbrochen", korrigierte er sich, als er den Blick seiner Mutter sah. „Das Glas ist ... ist geschmolzen! Das muß Schnurrbart gewesen sein. Er hat sie gekidnappt."

Die Mutter schob ihn sanft aus dem Schlafzimmer. „Geh, zieh dich an, Herzchen. Wir finden die Gang wieder. Wir veranstalten eine Suchaktion."

Mrs. Hopple schlüpfte in ihr Negligé und verließ das Zimmer. Als sie kurz darauf zurückkehrte, stand ihr Mann noch immer am Fenster und starrte durch das Südfenster ins Leere. „Donald hat recht", sagte sie. „Das Fensterglas ist tatsächlich geschmolzen. Außerordentlich merkwürdig."

Mr. Hopple stand noch immer unbeweglich wie in Trance.

„Liebster, ist mit dir alles in Ordnung? Hast du gehört, was Donald gesagt hat?"

Ihr Mann wandte sich vom Fenster ab. „Du kannst eine Suchaktion veranstalten, wenn du willst. Aber die Gang wirst du nicht finden. Die kommt nicht zurück. Auch Schnurrbart nicht."

Er hatte recht. Sie wurden nie mehr gesehen. Die beiden frechsten kleinen Katzen aus dem Stall waren in jener Nacht ebenfalls spurlos verschwunden. Aber die Kaninchen fanden sich im Gewächshaus wieder, wo sie sich königlich amüsiert hatten.

Das Leben auf Hopplewood Farm verläuft jetzt in geregelten Bahnen. Die Garagentüren sind offen. Die Autos springen an. Der Fernsehempfang ist ausgezeichnet. Stromausfälle sind nur noch bei schweren Gewittern zu verzeichnen. Keiner läßt mehr die Karnickel aus dem Stall. Der Traktor funktioniert zuverlässig. Niemand versucht in den Schornstein zu klettern. Kein Fensterglas schmilzt.

Und der kleine Donald, der vielleicht mehr vermutet, als er sagt, spricht bei Tisch über Planeten und Asteroiden und verbringt viele Stunden hinter seinem Teleskop, wenn seine Eltern glauben, daß er schläft.

Der Kater als Freier

Wessen Herz bislang auch immer von überwältigendem Hochmut erfüllt sein mochte – dies alles war ohne Bedeutung, gemessen an einem Kater (dem Sohn einer Katze), der alle übertraf, die durch ihren Hochmut bekannt wurden.

Er begab sich zu einer Füchsin und sprach listig zu ihr: „Herrin, gib mir einen Rat, was ich tun soll. Ich weiß wohl, daß du klug bist und viele gute Ratschläge weißt. Darum möchte ich gern deinen Rat hören. Ich will dir erzählen, um was es mir geht: Ich allein besitze mehr gute Eigenschaften als alle anderen Tiere zusammen, von denen du je hörtest. Niemand verfügt über soviel Verstand, daß er etwas zu finden vermöchte, das mir an Vornehmheit gleicht. So gern ich auch eine mir ebenbürtige Frau heimgeführt hätte – niemand konnte die rechte finden. Doch ich will meinen Vorsatz unbedingt verwirklichen. Nun verfügst du über große Verstandesgaben. Nenne mir das Vornehmste, was du dir ausdenken kannst. Lieber will ich dessen Tochter nehmen als unbeweibt bleiben."

Die Füchsin sprach wohlüberlegt: „Was immer ich auch an Vornehmheit kennenlernte, so blieb doch die Sonne unübertroffen. Freude spendend steigt sie empor und ist so bezaubernd und heiß, daß ich mir nichts Vornehmeres vorstellen kann."

Er sagte: „Ihre Tochter muß mein werden! Sie ist hochgeboren, liebreich anzusehen und besitzt einen so beglückenden Strahlenglanz, daß sie überaus vornehm sein dürfte. Berichte mir aber mehr von der Sonne! Gibt es etwas, das stärker ist als sie? Das sollst du mir auf der Stelle sagen!"

Die Füchsin sprach: „Bei meiner Treu, so ist es. Der Nebel ist stärker als sie! Er hat eine so große Gewalt, daß die Sonne nicht zu scheinen vermag, wenn er es ihr verwehrt!"

Der Kater sagte: „Wenn das so ist, so werde ich mich für die Tochter des Nebels entscheiden. Da er so große Gewalt besitzt, daß er stärker ist als die Sonne, scheint mir auch seine Tochter anziehender. Nun sag aber noch, ob es etwas gibt, was den Nebel zu überwältigen vermag, so daß er unterliegt."

„Ja", sprach die Füchsin ohne langes Besinnen. „Du kennst doch den Wind. Der ist mächtiger als der Nebel. Wäre auch ein ganzes Land voller Nebel, sobald sich der Wind aufmacht, verjagt und zerfetzt er den Nebel im Handumdrehen, so daß ihn niemand mehr zu finden vermag."

Der Kater sagte: „Das ist vortrefflich! So will ich denn meine Absichten auf die Tochter des Windes richten. Wie oder wo könnte ich eine bessere Wahl treffen, da ihm doch die ehrenvolle Gabe verliehen ist, so gewaltig einherzufahren. Ehe ich eine schlechtere Wahl treffe, will ich mich lieber für seine Tochter entscheiden. Gibt es nun etwas, das so stark ist, der Überlegenheit des Windes mit seiner Stärke zu widerstehen? Sage es mir, sofern dir an meiner Freundschaft gelegen ist!"

„Ja", sprach die Füchsin. „Hier in der Nähe kenne ich ein großes, altes und verlassenes Steinhaus.

Obwohl der Wind es mit manchem Saus und manchem Stoß angefallen hat, mußte er es doch stehen lassen. Sosehr er dort auch gestürmt hat, es war so stark, daß es jetzt noch steht."

Der Kater sagte: „Bei meinem Leben! So will ich keine andere Frau heimführen als die Tochter des Steinhauses, da doch der starke Wind Nacht und Tag unablässig gestürmt hat, ohne es besiegen zu können. Die Tochter des Hauses will ich heimführen, denn sie wird sicher am besten zu mir passen. Gibt es aber vielleicht noch etwas, das stark genug ist, dieses Steinhaus zuschanden zu machen? Wenn es so etwas auf der Erde gibt, so berichte mir darüber!"

„Ja", sprach die Füchsin. „Etwas kenne ich noch, das dieses Steinhaus zu überwinden vermag, so daß es am Ende zusammenstürzt. Auf der Erde und in der Erde gibt es eine Riesenmenge von Mäusen. Die haben die Mauern so unterwühlt, daß niemand ihren baldigen Sturz verhindern kann. Dies vermögen die Mäuse."

Der Kater sagte: „Ich bin herzlich froh und schätze mich glücklich, diese Worte gehört zu haben. Von allen anderen Frauen will ich lassen und die Tochter der Maus freien. Lasse mich aber vorher hören, ob sie unbedrängt leben oder ob jemand stärker ist als sie!"

„Ja", sprach da unverweilt die Füchsin. „Du kennst doch die Katze; sie ist allen Mäusen überlegen. Wo sie die nur erblicken, fliehen sie vor ihr voller Entsetzen. Wen sie erhascht, den trifft der Tod. Die wird gut zu dir passen. Sie ist reich an guten

Eigenschaften und ebenso vornehm wie du. Was man an dir rühmen kann, das besitzt sie in vollem Maße. Du hast mir gegenüber geprotzt, niemand habe soviel Verstand, etwas zu finden, was dir an Vornehmheit gleicht. Gib nun fein acht, wie weit es bei dir reicht: Die Katze ist nach Wesen und Aussehen wohl geraten und ist dir als Frau durchaus gemäß. Und wahrhaftig, höher wirst du nicht gelangen. Du hast dich selbst zum Affen gemacht, als du den Mund so weit aufgerissen, unsinniges Zeug geschwatzt und dich in deiner Eitelkeit über alle anderen Wesen dieser Erde gestellt hast. Ich selbst gelte mehr als drei von deiner Sorte, doch ich kenne viele Tiere, mit denen ich mich nicht vergleichen kann und die viel mehr wert sind als ich. Wenn du dich nicht selbst richtig einschätzen kannst, so brauchst du nur eine Katze anzusehen. Du vermagst nicht mehr als sie, und was sie ist, das bist auch du. Darum mach nun deinen Mund zu! Wenn du einen Narren suchst, so packe dich nur bei den Ohren, dann hast du ihn rasch genug gefunden; er erfüllt alle Bedingungen!"

Da schlich der Kater davon und ließ ab von seinem Hochmut, nachdem er sich selbst erkannt hatte. Schließlich war er herzlich froh, davon geheilt worden zu sein.

Solches widerfährt jedem Toren, der nicht weiß, wer er ist und wohin er gehört. Dies gereicht ihm nie zum Heil. Wer übereilt die Dinge geringschätzt, die ihm gemäß sind und Glück wie Ansehen sichern könnten, wer närrischerweise sein Glück darin sucht, nach Dingen zu streben, die ihm (wenn er sich nur recht erkennen wollte) nicht zukommen, der hat sich selbst geringgeachtet. Zu Recht soll es ihm so ergehen wie jenem Kater, der sich ebenfalls überschätzte. Dies trug ihm Tadel ein, und er wurde belehrt, daß er der Katze ebenbürtig sei. Da erkannte er sich selbst und schämte sich. So muß sich jener Mann schämen, dem man mit Schimpf und Schande seinen wahren Stand bewußtmachen und dem man sagen muß, daß er sich überhebt. Wie lange sich ein Kater auch sträubt: Wird ihm keine Katze zuteil, so kann es ihm am Ende noch weit übler ergehen. Jeder Mann soll seinen Stand hochhalten.

Ilona Bodden

Die Katze mit der Brille

Ja, das war nämlich eine traurige Geschichte: Eines Tages fing die Katze keine Mäuse mehr.

Nicht eine einzige Maus fing sie.

Und das passierte, weil sie immer im Dunkeln in der Katzenzeitung gelesen hatte – jetzt war sie kurzsichtig geworden. So kurzsichtig, daß sie keine Mäuse mehr fangen konnte. Und was ist das schon für ein Leben für eine Katze, wenn sie keine Mäuse mehr fangen kann!

Der schwarze Kater aus dem Nachbarhaus hatte auch schon davon erfahren. „Ich höre, du kannst keine Mäuse mehr fangen", miaute er, „an deiner Stelle würde ich mir eine Brille kaufen."

„Da hast du recht", sagte die Katze und ging schnurstracks in den Brillenladen, um sich eine Brille zu kaufen.

„Miau", sagte sie, „guten Tag! Ich möchte gern eine Brille haben."

„Bitte schön", sagte der Brillenmann, „wie wäre es denn mit dieser hier?" Und er zeigte ihr eine mit roten Rändern.

„Ach nein", sagte die Katze, „die Farbe paßt nicht zu meinem Pelz, die will ich nicht haben."

„Und diese hier?" fragte der Mann. „Sie ist mit Silber eingefaßt."

„Ja, danke schön", sagte die Katze, „die gefällt mir, die nehme ich. Wickeln Sie mir die Brille nur ein."

Und nun hatte die Katze eine Brille.

Aber die Brille war eine Brille zum Lesen und nicht zum Mäusefangen, und so war die Katze schlimmer dran als zuvor.

„Ich weiß gar nicht, was mit den Mäusen los ist", sagte sie, „sie sind plötzlich alle so klein! Es lohnt sich wahrhaftig nicht, sie zu fangen."

„Du hast sicher die falsche Brille", sagte der schwarze Kater, „ich glaube, du solltest sie umtauschen."

„Wie klug du bist!" sagte die Katze und lief zurück in den Brillenladen. Und der Brillenmann tauschte ihr die Brille gegen eine andere aus.

„Ich hoffe sicher, daß dies die richtige ist", sagte er.

„Das hoffe ich auch", sagte die Katze, „und danke schön für die Mühe."

Aber es war wieder die falsche Brille. So falsch war sie, daß der armen Katze etwas so Furchtbares geschah, daß ich es kaum zu erzählen wage.

Als die Katze nämlich vom Brillenladen nach Hause ging, begegnete ihr die allerdümmste Maus aus der ganzen Stadt – die Maus war so dumm, daß sie nicht einmal wußte, was eine Katze ist! Deshalb lief sie auch nicht weg, als die Katze auf sie zukam, sondern rannte ihr entgegen, um sie zu begrüßen.

„Zu Hilfe, zu Hilfe!" schrie da die Katze und rannte davon. „Ein furchtbares Untier kommt hinter mir her und will mich beißen." Und ihr Fell sträubte sich.

„Du tust mir wirklich leid", sagte der schwarze Kater, der gerade vorbeikam. „Was hast du nur? Wo ist denn das furchtbare Untier? Ich sehe bloß eine Maus." Und er fing sich die Maus zum Frühstück.

Die arme Katze aber war ganz verstört. Vor einer Maus davonzulaufen – etwas Schlimmeres konnte einer Katze wahrhaftig nicht geschehen.

„Ich glaube, ich muß zum drittenmal in den Brillenladen", sagte sie und machte sich auf den Weg.

„Sie haben mir wieder die falsche Brille gegeben", fauchte sie den Brillenmann an. „Durch diese hier sehen die Mäuse ja wie Elefanten aus."

„O Verzeihung", sagte der Brillenmann, „natürlich, ich tausche sie sofort um. Hier ist eine andere Brille, und dieses Mal weiß ich ganz genau, daß es die richtige ist."

„Das will ich auch hoffen", sagte die Katze und setzte sich die Brille gleich vor der Ladentür auf die Nase. Und da kam ihr auch schon der schwarze Kater entgegen, aber sein Fell sah nicht mehr schwarz, sondern rosa aus. Das gefiel der Katze so gut, daß ihr Miau bei der Begrüßung nicht wie miau, sondern wie Mi-ah klang. „Mi-ah", sagte auch der Kater, „nun hast du wohl die richtige Brille, die darfst du nie mehr hergeben. Und ums Mäusefangen brauchst du dich auch nicht mehr zu kümmern, das besorge ich nach unserer Hochzeit."

Die Katze und der Kater wurden ein glückliches Paar, und wenn der Kater trotzdem dann und wann zu fauchen anfing, dann lieh ihm seine Frau ihre rosige Brille, und sofort war alles wieder gut.

Emile Zola

Das Paradies der Katzen

Eine Tante hat mir einen Angorakater vermacht. Was hier folgt, hat mir mein Kater an einem Winterabend am Kamin erzählt.

Ich war damals zwei Jahre alt und war bestimmt der fetteste und einfältigste Kater, den man sich denken kann. In jenem zarten Alter war ich noch so überheblich, daß ich das Behagen eines warmen Zuhauses verachtete. Dennoch mußte ich der Vorsehung danken, daß sie mich bei deiner Tante untergebracht hatte. Die brave Frau liebte mich über alles. Ich hatte unten in einem Schrank ein richtiges Schlafzimmer mit Federkissen und drei Decken. Das Essen war ebenso gut wie das Lager; niemals Brot, niemals Suppe, nur Fleisch, gutes saftiges Fleisch.

Trotzdem hatte ich inmitten dieses guten Lebens nur den einen Wunsch, nur den einen Traum, mich durch das halb geöffnete Fenster davonzustehlen und auf die Dächer zu flüchten. Die Liebkosungen fand ich fade. Mein weiches Bett widerte mich an. Ich war so fett, daß ich mich vor mir selbst ekelte. Und den ganzen Tag glücklich zu sein langweilte mich maßlos.

Ich muß erwähnen, ich habe, als ich den Hals reckte, durch das Fenster das Dach gegenüber gesehen. An jenem Tag balgten sich dort vier Katzen mit gesträubtem Fell und hochstehendem Schwanz, wälz-

141

ten sich in der Sonne auf den blauen Schiefern und stießen dabei Freudenschreie aus. Noch nie hatte ich ein so ungewöhnliches Schauspiel gesehen. Von da an stand eins für mich fest: Das wahre Glück war auf jenem Dach hinter dem Fenster, das man so sorgfältig schloß. Daß es so sein mußte, bewies, daß man auch die Türen der Schränke verschloß, hinter denen das Fleisch versteckt war.

Ich gab meinen Fluchtplan nicht auf. Es mußte im Leben noch etwas anderes geben als saftiges Fleisch. Dort war das Unbekannte, das Ideal! Eines Tages vergaß man, das Küchenfenster zu schließen. Ich sprang auf ein kleines Dach, das sich darunter befand.

Wie schön die Dächer waren! Breite Traufen säumten sie, aus denen köstliche Gerüche kamen. Mit einem herrlichen Gefühl lief ich durch diese Traufen. Meine Pfoten versanken in einem weichen Schmutz, der sehr feucht war und unendlich wohltat. Es war mir, als ginge ich auf Samt, und in der Sonne war es wunderbar warm. Eine Wärme, die mein Fett schmelzen ließ.

Ich will dir nicht verhehlen, daß ich am ganzen Leib zitterte. In meine Freude mischte sich Entsetzen. Ich erinnere mich vor allem an ein furchtbares Gefühl, das mich fast auf das Pflaster hinunterstürzen ließ. Drei Kater, die sich auf dem Giebel eines Hauses wälzten, kamen mit gräßlichem Miauen auf mich zu. Und als ich fast ohnmächtig wurde, sagten sie, ich sei dumm, sie miauten nur zum Spaß. Woraufhin ich mit ihnen zu miauen begann. Es war entzückend. Die

Spaßvögel waren nicht fett wie ich. Sie machten sich über mich lustig, als ich wie eine Kugel über die in der Sonne schmorenden Zinkplatten rollte. Ihr Anführer, ein alter Kater, freundete sich besonders mit mir an. Er erbot sich, mich zu unterweisen, was ich dankbar annahm.

Ach, wie weit weg war die behagliche Atmosphäre bei der Tante! Ich trank aus den Dachrinnen, und nie hat mir gezuckerte Milch so süß geschmeckt! Alles erschien mir gut und schön. Eine Katze kam vorüber. Eine bezaubernde Katze, deren Anblick ein ganz neues Gefühl in mir weckte. Nur in meinen einsamen Träumen hatte ich bis dahin jene herrlichen Geschöpfe gesehen, deren Rücken so wunderbar geschmeidig ist. Wir, meine drei Gefährten und ich, eilten auf sie zu. Ich war schneller als die anderen und war gerade dabei, der reizenden Katze Schmeichelhaftes zu sagen, als einer meiner Kameraden mich grausam in den Hals biß. Ich stieß einen Schmerzensschrei aus.

„Bah", sagte der alte Kater, mich mit sich ziehend, „du wirst noch viele ihresgleichen sehen."

Nach einem einstündigen Spaziergang verspürte ich einen Riesenappetit.

„Was ißt man auf den Dächern?" fragte ich meinen Freund, den Kater.

„Was man findet", erwiderte er weise.

Diese Antwort verwirrte mich, denn soviel ich auch suchte, ich fand nichts. Schließlich bemerkte ich in einer Mansarde eine junge Arbeiterin, die ihr Mittagessen bereitete. Auf dem Tisch unter dem Fenster lag ein schönes, appetitliches rotes Kotelett.

Das wäre was für mich, dachte ich. Und ich sprang auf den Tisch und ergriff das Kotelett. Aber die Arbeiterin, die mich gesehen hatte, versetzte mir einen scheußlichen Schlag mit dem Besenstiel auf den Rücken. Ich ließ das Fleisch fallen und flüchtete laut fluchend.

„Du bist wohl von gestern", sagte der Kater zu mir. „Das Fleisch, das auf den Tischen liegt, darf man nicht anrühren. In den Regenrinnen muß man suchen."

Nie habe ich begreifen können, daß das Fleisch in den Küchen nicht den Katzen gehört. Mein Bauch begann ernstlich wütend zu werden. Der Kater machte mich noch völlig verzweifelt mit der Bemerkung, man müsse abwarten, bis es Nacht sei. Wir würden dann auf die Straße hinuntergehen und in den Müllhaufen wühlen. Abwarten, bis es Nacht sei! Er sagte das mit einer bewundernswerten Ruhe. Mir wurde schon allein bei dem Gedanken an dieses noch lange währende Fasten schwach.

Die Nacht kam langsam, eine neblige Nacht, in der es Stein und Bein fror. Bald begann es zu regnen, ein feiner, durchdringender, von Windstößen gepeitschter Regen. Wir gingen die Treppe hinunter und durch eine Glastür hinaus. Wie häßlich mir die Straße vorkam! Nichts mehr von der wohligen Wärme, der strahlenden Sonne, den im Lichte gleißenden Dächern, auf denen man sich so köstlich wälzen konnte. Meine Pfoten rutschten auf dem glitschigen

Pflaster. Voller Bitterkeit dachte ich an meine drei Decken und mein Federkissen zurück.

Kaum waren wir auf der Straße, da begann mein Freund, der Kater, zu zittern. Er machte sich klein, ganz klein, schlich an den Häusern entlang und sagte mir, ich solle ihm schnellstens folgen. Als er an eine Toreinfahrt kam, verschwand er hastig darin, wobei er befriedigt schnurrte.

Auf meine verwunderte Frage, warum er sich dort hineingeflüchtet habe, antwortete er: „Hast du denn nicht den Mann mit der Kiepe und dem Eisenhaken gesehen?"

„Doch."

„Nun, wenn er uns bemerkt hätte, hätte er uns erschlagen, am Spieß gebraten und verzehrt!"

„Am Spieß gebraten und verzehrt!" rief ich. „Aber gehört denn die Straße nicht uns? Man findet nichts zu fressen und wird gefressen!"

Inzwischen hatte man die Mülleimer vor den Türen entleert. Ich suchte verzweifelt in den Haufen, fand zwei oder drei magere Knochen, die in der Asche gelegen hatten. Da wurde mir klar, wie wundervoll eine frische Lunge schmeckt. Mein Freund, der Kater, durchsuchte behende die Müllhaufen. Bis zum Morgen mußte ich mit ihm herumlaufen; er ließ keine Straße aus und beeilte sich nicht im geringsten. Fast zehn Stunden lang wurde ich vom Regen klatschnaß, und mich fror zum Erbarmen. Verfluchte Straße, verfluchte Freiheit! Ach, wie sehnte ich mich nach meinem Gefängnis zurück! Als es Tag geworden war, fragte der Kater, der mich schwanken sah, mit seltsamer Miene: „Hast du jetzt genug?"

„Ja! Ja!" antwortete ich.

„Willst du nach Hause zurück?"

„Natürlich. Aber wie soll ich das Haus wiederfinden?"

„Komm. Als ich dich heute morgen herauskommen sah, wußte ich sofort, daß ein fetter Kater wie du für die bitteren Freuden der Freiheit nicht geschaffen ist. Ich weiß, wo du wohnst, und werde dich dorthin bringen."

Er sagte das ganz selbstverständlich, mein würdevoller Lehrer. Als wir am Ziel waren, verabschiedete er sich von mir kühl und sachlich.

„Nein", rief ich. „So werden wir uns nicht trennen. Du kommst mit mir mit. Wir werden Bett und Fleisch teilen. Meine Herrin ist eine brave Frau ..."

Er ließ mich nicht ausreden.

„Schweig", sagte er grob. „Du bist ein Narr. Ich würde in deiner Welt umkommen. Dein üppiges Leben ist gut für Katzen wie dich. Die freien Katzen würden nie für dein Wohlleben und dein Federkissen in Gefangenschaft gehen ... Leb wohl."

Und er kehrte auf seine Dächer zurück. Ich sah in der aufgehenden Sonne seine schlanke Gestalt vor Behagen zittern.

Als ich nach Hause kam, ergriff die Tante die Klopfpeitsche und gab mir eine Tracht Prügel, die ich mit großer Freude empfing. Nur allzu sehr genoß ich das Gefühl, es warm zu haben und verprügelt zu werden. Während sie mich schlug, dachte ich voller

Wonne an das Fleisch, das sie mir danach geben
würde.

„Weiß du", schloß mein Kater – sich vor der Glut in
meinem Kamin streckend –, „das wirkliche Glück,
das Paradies, ist es, in einem Zimmer, in dem Fleisch
liegt, eingesperrt zu werden.

Das gilt für alle Katzen."

Heide Heinz/Iris Salzmann

Bobby

„So ein Teufelskerl, dieser Bobby", sagten die anderen Katzen, wenn sie von ihm sprachen. Daß seine Lebensgeschichte erschreckend, glorreich und spannend gewesen sein mußte, war klar. Sein Blick war kühn, seine Schultern gespannt, und seinen Schwanz trug er steiler als jeder andere Kater. Ja, er war zum Herrschen geboren. Nachts jedoch, wenn er schlief, hörte man ihn manchmal leise wimmern. Krampfartig zuckte es durch seinen Körper. Wem begegnete er da in seinen Träumen? Gegen wen mußte er sich zur Wehr setzen?

An einem dieser langen warmen Sommerabende öffnete er endlich sein Herz. Ausgerechnet Sylvester, der einäugige tigergeströmte Kater war in der Lage, auch sanfte Töne aus ihm herauszulocken. Oft sah man die beiden nebeneinander auf der Mauer liegen. Sylvester in ehrfürchtigem Abstand, den Blick bewundernd auf Bobby gerichtet. Der wiederum hatte nur Augen für Paul und Maria nebenan, die mal wieder Karlchen, den Nachbarkater, mit Leckerbissen verwöhnten.

„Oh, Bobby, Weitgereister. Du hast so viele Abenteuer bewältigt und Gott weiß wie überlebt", sagte Sylvester, „erzähl mir was aus deinem Leben."

Bobby zuckte mißmutig mit dem Schwanz. Aber Sylvester mit seiner Bewunderung tat ihm gut. Sylvester, der nichts anderes kannte als den Bauernhof gegenüber, wo er geboren wurde, bettelte erneut. „Erzähl mir, damit ich von dir lernen kann. Schließlich bist du dem Tod dreimal entkommen, wie man sagt. Durch dich kann ich die Welt mit ganz anderen Augen sehen." Dabei kniff er sein einziges Auge einmal zu, was in der Katzensprache soviel heißt wie „Ich mag dich."

Bobby antwortete herablassend: „Ja, man erfährt viel über die Seele des Menschen, wenn man soviel rumkommt. Unsere Mutter hatte schon recht, als sie uns das Jagen beibrachte. Denn bist du erst mal von den Menschen abhängig, nimmst du täglich von ihnen Futter an, veränderst du dich, ohne daß du es merkst. Du vertraust ihnen. Auch ich habe vertraut und eine bittere Lehre ziehen müssen. Höre, Kleiner, wie übel mir mitgespielt wurde. An einem schönen Sommerabend – ich saß gerade am Fenster hinter der Gardine und putzte meinen wunderschönen Schwanz – sagte doch plötzlich der Menschenvater zur Menschenmutter: ,Also, ich sehe keine Lösung des Problems. Die Urlaubspläne dürfen von so einem Tier doch nicht durchkreuzt werden. Schließlich hat man alles für das Tier getan. Jetzt brauche ich meine Erholung. Ich kann schließlich nicht alles organisieren. Du hast die Oma nicht überreden können?'

,Ja', sagte die Menschenmutter und faltete eine Spitzenbluse in den Koffer, ,bloß keine Tiere im Haus, hat sie gesagt. Habe in meinem Leben genug für Sauberkeit und Ordnung sorgen müssen. Jetzt, wo ich endlich diese schöne Wohnung gefunden habe mit dem hellen Teppichboden. Nee, bloß kein Tier.' Sie wickelte seufzend einen Schuh in Zeitungspapier, legte ihn in den Koffer, schloß den Deckel. ‚Das Tier kann dankbar sein für alles, was man für es getan hat all die Jahre.‘

‚Was hat denn die Nachbarin gesagt?‘ fragte der Mann zerstreut. Er suchte seine Papiere zusammen.

‚Die‘, sagte die Menschenmutter. ‚Die hat Angst vor Katzen, die wären alle falsch und überhaupt, und außerdem hätte sie eine Katzenallergie.‘

‚Er wird sich schon zu helfen wissen, der Bobby‘, sagte der Vater, ‚und außerdem ist er uns doch auch nur zugelaufen. Richtig verantwortlich sind wir nicht. Muß er eben sehen, wie er weiterkommt.‘

Stell dir vor, Sylvester, so sprachen sie von mir. Sie haben mich damals mit Futter in ihr Haus gelockt und dann zum Menschenkind gesagt: ‚Schau mal, wir haben hier zum Geburtstag diesen Kater für dich. Ist er nicht wunderschön? So schwarz und süß?‘ Damals war ich noch klein. Und dann, nach all den schönen Jahren … nun das. Es war ein leichtes für sie, mich einzufangen, in einen Korb zu stecken. Ich konnte es nicht verhindern. Ich hörte noch, wie sie dem Menschenkind zuriefen: ‚Bobby? Der ist mal wieder auf Wanderschaft. Vielleicht ist er auch in Urlaub gefahren – wie wir.‘

Und dabei kicherten sie auch noch. Das Menschenkind suchte mich. Es machte sich wirklich Sorgen. Ich saß da und starrte durch die Gitter des Katzenkorbes.

Dann fuhren sie los. Bäume, Betongehäuse, Brücken und Ampeln flogen an mir vorbei. Vorbei. Vorbei. Es dunkelte bereits, als sie anhielten. Eine Autobahnraststätte, glaub' ich. Sie banden mich einfach mit meinem Katzenhalsband an einen Abfallkorb. Dann gingen sie weg, ohne sich noch einmal umzudrehen. Der Motor heulte auf, und ich war allein in der Nacht."

Bobby unterbrach sich und starrte einem Wolkenfetzen nach. Der Abendwind war aufgekommen. Sylvester stöhnte: „Und dann, Bobby, was dann?"

Bobby räusperte sich: „Ich konnte noch von Glück sagen. Es hätte noch schlimmer kommen können. Hätte ja einer den Gedanken haben können, mich kopfüber in den Abfallkorb zu stecken, womöglich noch in einer Plastiktüte. Menschen haben die verrücktesten Einfälle. Der Urlaub ist ihnen heilig."

„Bobby, deine Abenteuer tun mir weh", flüsterte Sylvester.

„Ja, ja", sagte Bobby, „war schlimm, diese Nacht. Aber bevor das Mondlicht über den Horizont kroch, gelang es mir, mich durch eine geschickte Drehung aus dem Halsband zu befreien, und ab über die Böschung in den Wald. Dann lernte ich wildern. Wie hätte ich sonst überleben sollen? In der freien Wildbahn führte ich ein einsames, ehrliches Leben, bis eines Morgens, als ich gerade auf der Lauer lag, ein Bleihagel auf mich niederging. ‚Scheißkatzen', rief eine Männerstimme. ‚Sollen uns Jägern das Jagen überlassen.' Ich verlor mein Leben."

„Du bist aber doch noch hier", hauchte Sylvester.

„Ich verlor mein aktives Leben, Einauge. Ich war wohl eine Zeit dort, wo Licht und Schatten sich nicht mehr trennen." Sylvester richtete seinen Blick auf den Sonnenuntergang und nickte.

„Aber", sagte Bobby versonnen, „es war noch nicht soweit. Ich kam wieder zu mir und schleppte mich unter einen Farnbusch. Meine Kehle schmerzte, Blut rann über mein Fell. Ich konnte nicht mehr schlucken und mit der Zunge meine Wunden kühlen. Aber die Jäger fanden mich nicht. Irgendwann blieb jemand stehen, vielleicht hatte ich gestöhnt oder so. Jemand bog die Farnblätter zur Seite, und ich wurde vorsichtig weggetragen.

,Helfen sie ihm', hörte ich noch eine sanfte Frauenstimme und: ,Höchste Zeit', sagte die andere. Und dann wurde ich schon wieder ohnmächtig. Sie haben mich dann wohl an der Kehle operiert. Jedenfalls konnte ich lange keine feste Nahrung mehr zu mir nehmen. Sie fütterten mich mit ihrer Menschenhand, streichelten mich so lange, bis ihre Energie auf mich überging. So wurde ich wieder gesund. Weißt du, Sylvester, die Menschen ... soll einer klug werden daraus. Sie sind gefährlich und unberechenbar, einerseits. Andererseits strahlen sie eine Kraft aus, es muß ein Geschenk sein von der großen Mutterkatze Natur. Eine Energie ist das. Wenn sie dich streicheln oder leise mit dir sprechen, kannst du sie förmlich fühlen, strömt sie durch dich hindurch und macht dich erst ganz weich und dann ganz stark."

Sylvester wußte, wovon Bobby sprach. Hatte er selbst doch auch schon reichlich davon erhalten.

„Das ist vielleicht das große Geheimnis, das uns Wildkatzen zu ihren Hauskatzen gemacht hat. Nein, nicht die Mäuse in den Menschenstädten, nicht die Futternäpfe. Es ist diese Energie, mit der sie dich einfangen.

Nach vielen Monden, als es mir wieder besserging, fing ich an, unruhig zu werden. Ich vermißte mein freies Leben in der engen Wohnung der Frau, die mich gepflegt hatte. Sie sah das auch so.

‚Ich muß dich jetzt weitervermitteln, mein lieber Kater', sagte sie zu mir, ‚du brauchst einen Garten. Hier ist nur für kranke Tiere Platz.'

Eine feine Dame mit einem wunderbaren Parfüm wollte mich haben. Ich sollte mit ihr nach Norddeutschland ziehen, in eine Villa mit Garten und Terrasse – und was sie mir alles versprach. Etwas Besseres hätte ich verdient als diese Wohnung im dritten Stock ohne Baum und Strauch. Und jetzt paß auf, Einauge, wie ich zu meiner letzten großen Prüfung kam. Ich sage dir gleich, ohne das, was alles vorher geschah, hätte ich sie nicht bestanden. Ich befand mich also auf dem Rücksitz des Autos auf dem Weg nach Norden. Aber dann war das Auto auf der Autobahn, die Frau fuhr sehr schnell. Ich weiß auch nicht, was mit mir geschah. Plötzlich wurde ich zurückgeschleudert in die Vergangenheit, in den Augenblick damals auf der Autobahn, als man mich angebunden und verlassen hatte. Ich zitterte, versuchte verzweifelt mit den Krallen den Korb zu zerfetzen, krallte mich an die Gitterstäbe und schrie in Todesangst. Die Frau war entsetzt. Sie hatte Angst vor mir. ‚Ruhig, ich halte gleich', sagte sie. ‚Ich hab' vergessen, dich aufs Katzenklo zu setzen vor unserer Abfahrt. Warte, ich halte gleich.' Sie fuhr auf einen Rastplatz, machte die Tür auf, öffnete den Katzenkorb und sagte: ‚Nun mach mal, und komm gleich wieder.' In dem Augenblick bremste ein großer Laster neben uns. Ich lief um mein Leben. Lieber in den Wäldern umkommen, dachte ich noch."

„Was dann?" flüsterte Sylvester und krallte seine Vorderpfote in die rauhe Mauer.

„Dann", sagte Bobby gedehnt und richtete seinen Blick in die große Pappel, „dann war ich wieder zum Abschuß freigegeben. Aber diesmal war ich schlauer. Ich versteckte mich tagsüber. Nachts war ich unterwegs. Hielt mich von den Menschen und ihren Häusern fern. Bis der Herbst kam. Im Winter würde ich im Schnee eine gute Zielscheibe abgeben, sagte ich mir. Mit meinem schwarzen Fell. Deshalb suchte ich mir einen Kuhstall aus, um zur Not in der Kälte ein warmes Plätzchen zu finden."

Sylvester nickte. „Ställe sind schön warm. Besonders bei den Kühen hat es mir auch früher gefallen, als ich noch beim Bauern lebte. Warum bist du nicht geblieben?"

„Das kam so", sagte Bobby. „Eines Tages hörte ich plötzlich diese bekannte Stimme auf dem Hof. ‚Bobby, Bobby', rief sie. Wie lange hatte man mich nicht mehr so gerufen. Ich stand wie angewurzelt. Ich fühlte mich schlapp, hatte Husten, mein Fell hing stumpf an mir herunter. ‚Bobby', flüsterte die Stimme, eine Hand streichelte über meinen ausgezehrten Rücken. Die Stimme tat mir gut. Ein süßer Klang. Es war tatsächlich die Stimme der Frau, die mich gesund gepflegt hatte. Sie nahm mich in ihre Arme. Ich ließ es geschehen. Als ich meinen Kopf in ihrer warmen Achselhöhle vergrub, wußte ich, jetzt wird alles gut.

,Wo warst du nur?' sagte die Frau. ,So lange haben wir nach dir gesucht.'

Später hörte ich, daß sie überall in den Gehöften, Geschäften und Restaurants der Gegend Fotos mit einer Suchmeldung aufgehängt hatten. Aber erst, als die Frau tausend Mark Belohnung aussetzte, erinnerte sich ein Mann, daß er mich in der Nähe des Stalls öfter gesehen hatte."

Sylvester und Bobby schwiegen lange.

„Ist tausend Mark viel?" fragte Sylvester.

„Ich glaube nicht", sagte Bobby, „die Menschen können dafür eine Waschmaschine kaufen. So was Überflüssiges." Dabei leckte er sich seinen Schwanz mit Katzenspucke.

„Und dann", fragte Sylvester ungeduldig. „Was passierte dann?"

„Dann kam ich zu euch. Ist nicht übel hier. Bißchen eng im Winter. Aber im Sommer ist es toll. Echt. Ich brauche viel Bewegung, weißt du."

„Ja, das versteh' ich", hauchte Sylvester bewundernd. „Wir sind stolz, einen so klugen, weitgereisten, unabhängigen Kater in unserer Mitte zu haben. Es ist uns eine Ehre."

„Ja, unabhängig mußt du sein, wenn du es zu was bringen willst", sagte Bobby herablassend. „Wie ich dir schon sagte, nimmst du erst mal ihr Futter, bist du die halbe Freiheit los."

Da ging die Haustür auf, und eine Stimme rief: „Katzen, alle herkommen, Leckerchen."

Mit einem gewaltigen Satz war Bobby als erster an der Tür. Er stupste mit seinem Kopf die Menschenbeine, gurrte aufgeregt und gebärdete sich wie ein Verrückter. Sylvester sah es mit großem Befremden. Er schämte sich für ihn. Dann sah er, wie sich Bobby auf den Freßnapf stürzte und hastig etwas in sich hineinschlang, ehe ein anderer ihm zuvorkam.

„Ja, ja", sagte Sylvester. „So frei und unabhängig ist nur unser Bobby."

Gebrüder Grimm

Der arme Müllerbursch und das Kätzchen

In einer Mühle lebte ein alter Müller, der hatte weder Frau noch Kinder, und drei Müllerburschen dienten bei ihm. Wie sie nun etliche Jahre bei ihm gewesen waren, sagte er eines Tages zu ihnen: „Ich bin alt und will mich hinter den Ofen setzen. Zieht aus, und wer mir das beste Pferd nach Haus bringt, dem will ich die Mühle geben, und er soll mich dafür bis an meinen Tod verpflegen."

Der dritte von den Burschen war aber der Kleinknecht, der ward von den anderen für albern gehalten, dem gönnten sie die Mühle nicht; und er wollte sie hernach nicht einmal.

Da zogen alle drei miteinander aus, und wie sie vor das Dorf kamen, sagten die zwei zu dem albernen Hans: „Du kannst nur hierbleiben, du kriegst dein Lebtag keinen Gaul." Hans aber ging doch mit, und als Nacht war, kamen sie an eine Höhle, da hinein legten sie sich schlafen.

Die zwei Klugen warteten, bis Hans eingeschlafen war, dann stiegen sie auf, machten sich fort und ließen Hänschen liegen und meinten's recht fein gemacht zu haben; ja, es wird euch doch nicht gutgehen!

Wie nun die Sonne kam und Hans aufwachte, lag er in einer tiefen Höhle; er guckte sich überall um und rief: „Ach Gott, wo bin ich!" Da erhob er sich und

157

krabbelte die Höhle hinauf, ging in den Wald und dachte: Ich bin hier ganz allein und verlassen, wie soll ich nun zu einem Pferd kommen!

Indem er so in Gedanken dahinging, begegnete ihm ein kleines buntes Kätzchen, das sprach ganz freundlich: „Hans, wo willst du hin!"

„Ach, du kannst mir doch nicht helfen."

„Was dein Begehren ist, weiß ich wohl", sprach das Kätzchen, „du willst einen hübschen Gaul haben. Komm mit mir und sei sieben Jahre lang mein treuer Knecht, so will ich dir einen geben, schöner, als du dein Lebtag einen gesehen hast." Nun, das ist eine wunderliche Katze, dachte Hans, aber sehen will ich doch, ob das wahr ist, was sie sagt.

Da nahm sie ihn mit in ihr verwünschtes Schlößchen und hatte da lauter Kätzchen, die ihr dienten: Die sprangen flink die Treppe auf und ab, waren lustig und guter Dinge. Abends, als sie sich zu Tisch setzten, mußten drei Musik machen, eins strich den Baß, das andere die Geige, das dritte setzte die Trompete an und blies die Backen auf, sosehr es nur konnte. Als sie gegessen hatten, wurde der Tisch weggetragen, und die Katze sagte: „Nun komm Hans, und tanze mit mir!"

„Nein", antwortete er, „mit einer Miezekatze tanze ich nicht, das habe ich noch niemals getan."

„So bringt ihn ins Bett!" sagte sie zu den Kätzchen.

Da leuchtete ihm eins in seine Schlafkammer, eins zog ihm die Schuhe aus, eins die Strümpfe, und zuletzt blies eins das Licht aus. Am andern Morgen kamen sie wieder und halfen ihm aus dem Bett: Eins

zog ihm die Strümpfe an, eins band ihm die Strumpf-
bänder, eins holte die Schuhe, eins wusch ihn, und
eins trocknete ihm mit dem Schwanz das Gesicht ab.
„Das tut recht sanft", sagte Hans.

Er mußte aber auch der Katze dienen und alle Tage
Holz kleinmachen; dazu kriegte er eine Axt von Silber und die Keile und Säge von Silber, und der Schlä-
ger war von Kupfer. Nun, da machte er das Holz
klein, blieb da im Haus, hatte sein gutes Essen und
Trinken, sah aber niemand als die bunte Katze und ihr
Gesinde.

Einmal sagte sie zu ihm: „Geh hin und mähe meine
Wiese, und mache das Gras trocken!" und gab ihm
von Silber eine Sense und von Gold einen Wetzstein,
hieß ihn aber auch alles wieder richtig abliefern.

Da ging Hans hin und tat, was ihm geheißen war;
nach vollbrachter Arbeit trug er Sense, Wetzstein und
Heu nach Haus und fragte, ob sie ihm noch nicht seinen Lohn geben wollte.

„Nein", sagte die Katze, „du sollst mir noch einer-
lei tun, da ist Bauholz von Silber, Zimmeraxt, Win-
keleisen und was nötig ist, alles von Silber; daraus
baue mir erst ein kleines Häuschen!"

Da baute Hans das Haus fertig und sagte, er hätte
nun alles getan und hätte noch kein Pferd.

Da waren ihm die sieben Jahre herumgegangen wie
ein halbes. Fragte die Katze, ob er ihre Pferde sehen
wollte? „Ja", sagte Hans. Da machte sie ihm das
Häuschen auf, und wie sie die Tür so aufmachte, da
stehen zwölf Pferde, ach, die waren ganz wunderbar,
daß sich sein Herz im Leibe freute. Nun gab sie ihm

zu essen und zu trinken und sprach: „Geh heim, dein Pferd gebe ich dir nicht mit; in drei Tagen aber komm ich und bringe dir's nach."

Also machte Hans sich auf, und sie zeigte ihm den Weg zur Mühle. Sie hatte ihm aber nicht einmal ein neues Kleid gegeben, sondern er mußte sein altes lumpiges Kittelchen behalten, das er mitgebracht hatte und das ihm in den sieben Jahren überall zu kurz geworden war.

Wie er nun heimkam, so waren die beiden anderen Müllerburschen auch wieder da; jeder hatte zwar sein Pferd mitgebracht, aber des einen seins war blind, des anderen seins lahm.

Sie fragten: „Hans, wo hast du dein Pferd?"

„In drei Tagen wird's nachkommen."

Da lachten sie und sagten: „Ja, du Hans, wo willst du ein Pferd herkriegen, das wird was Rechtes sein!"

Hans ging in die Stube, der Müller sagte aber, er sollte nicht an den Tisch kommen, er wäre so zerrissen und zerlumpt, man müßte sich schämen, wenn jemand hereinkäme. Da gaben sie ihm ein bißchen Essen hinaus, und wie sie abends schlafen gingen, wollten ihm die zwei andern kein Bett geben, und er mußte endlich ins Gänseställchen kriechen und sich auf ein wenig hartes Stroh legen.

Am anderen Morgen, wie er aufwacht, sind schon die drei Tage herum, und es kommt eine Kutsche mit sechs Pferden, ei, die glänzten, daß es schön war, und ein Bedienter, der brachte noch ein siebentes, das war für den armen Müllerbursch. Aus der Kutsche aber stieg eine prächtige Königstochter und ging in die

Mühle hinein, und die Königstochter war das kleine bunte Kätzchen, dem der arme Hans sieben Jahre gedient hatte.

Sie fragte den Müller, wo der Mahlbursch, der Kleinknecht, wäre?

Da sagte der Müller: „Den können wir nicht in die Mühle nehmen, der ist so verrissen und liegt im Gänsestall."

Da sagte die Königstochter, sie sollten ihn gleich holen. Also holten sie ihn heraus, und er mußte schnell sein Kittelchen zusammenpacken, um sich zu bedecken.

Da schnallte der Bediente prächtige Kleider aus und mußte ihn waschen und anziehen, und wie er fertig war, konnte kein König schöner aussehen. Danach verlangte die Jungfrau die Pferde zu sehen, welche die anderen Mahlburschen mitgebracht hatten, eins war blind, das andere lahm.

Da ließ sie den Bedienten das siebente Pferd bringen.

Wie der Müller das sah, sprach er: „So eins ist mir noch nie auf den Hof gekommen."

„Und das ist für den dritten Mahlbursch", sagte sie zu ihm.

„Da muß er die Mühle haben", sagte der Müller daraufhin.

Die Königstochter aber sprach, da wäre das Pferd, er sollte seine Mühle auch behalten, und nimmt ihren treuen Hans und setzt ihn in die Kutsche und fährt mit ihm fort. Sie fahren zuerst zu dem kleinen Häuschen, das er mit dem silbernen Werkzeug gebaut hat; da ist es ein großes Schloß, und ist alles darin von Silber und Gold; und da hat sie ihn geheiratet, und war er reich, so reich, daß er für sein Lebtag genug hatte.

Darum soll keiner sagen, daß, wer albern ist, deshalb nichts Rechtes werden könne.

Bonaventura Tecchi

Ariolante und das Kätzchen

Die kleine Katze wurde eines Nachts in einer lärmigen Straße der Stadt gefunden. Verlassen kauerte sie auf dem glatten, schwarzen Asphalt, über den die Autos in rasender Eile dahinbrausten. Sie war krank; ihre Augen trieften, und ein böser Husten schüttelte ihren kleinen Körper. Zu Hause erholte sich das graue, faustgroße Kätzchen bald. Es wurde sofort in ein Landhaus gebracht.

Doch gerade auf dem Lande fing die kleine Katze an, sich vor allem zu fürchten, sie, die doch dem gefährlichen Hin- und Hersausen der Autos getrotzt hatte, sie, die nicht sterben wollte; besonders vor Tieren und allem, was sich bewegte, fürchtete sie sich: vor der großen Standuhr im ländlichen Saale, die mit außergewöhnlicher Deutlichkeit die Minuten anzeigte, vor dem Wasser, das im Waschbecken rauschte; ja sogar vor Fliegen und Schmetterlingen hatte sie Angst.

Gewöhnlich erregen gerade Fliegen auf dem Tisch und auf dem Fußboden die Verwunderung und Neugier der kleinen Katzen – eine feindselige, zum Zuschnappen reizende Neugier. Aber dieses Kätzchen hatte sogar Furcht vor einem kleinen Flügelwesen, das wagte, sich auf handbreite Entfernung auf den Schreibtisch des Herrn niederzulassen. Statt lauernd einen Buckel zu machen und gesenkten Kopfes bereit zu sein, gleich einem Tiger aufzuschnellen, zog das Tierchen es vor, auf der Schulter seines Beschützers Zuflucht zu suchen, und wenn es sich um eine Brummfliege handelte, sich in der Tasche seines Schlafrockes zu verstecken.

Selbstverständlich erregten die Ängste das Gelächter – aber auch das Wohlwollen – der Erwachsenen.

Was das Kätzchen von all den beweglichen Dingen wohl am wenigsten fürchtete, war die Feder oder der Bleistift des Herrn. Dieses braune oder gelbe bewegliche Ding glitt über das weiße Papier und hinterließ darauf kleine, schwarze Füßchen, und obgleich das Pfötchen des Kätzchens zuweilen versuchte, dem Bleistift oder dem Federstiel einen zärtlichen Stoß zu versetzen, war das Kätzchen doch gleich bereit, die Flucht zu ergreifen, wenn der Schreiber zufällig niesen mußte.

Eines Tages trug man die kleine Katze in den Garten, doch man bemerkte sofort, daß sogar der Wind ihr Angst einjagte. Zusammengeduckt kauerte sie unter einem Strauch und streckte verängstigt das Schnäuzchen in die Luft. Ab und zu hob sie das Köpfchen, als wittere sie einen neuen unsichtbaren Feind. Doch wenn die Windstöße sie heftiger bedrängten, kroch sie noch tiefer in den Busch hinein.

An den Blumen fand sie nur Gefallen, wenn sie still in der von keinem Hauch belebten Luft standen. Es brauchte Tage, bis das Kätzchen sich getraute, behutsam mit hängendem Schwanze und gewölbtem Rücken, zwischen Stengeln und Blütenkelchen hindurchzuschleichen, als müßte es in eine Welt voll drohender Gefahren und geheimnisvoller Farben eindringen.

Die Schmetterlinge jedoch, diese bunten Wölkchen, die in der Luft vorüberflitzten oder sich auf einer Blume ausruhten, diese betrachtete es von ferne, verdutzt und ängstlich, mit zurückgeworfenem Köpfchen und halbwegs erhobenem Pfötchen.

Mit dem Hund, dem Erbfeind der Katzen, verlief die Sache aber anders. Im Anfang gab es tatsächlich immer wieder ein Bellen und Miauen, ein wildes Fauchen und funkelnde Augen ... Die kleinen Krallen drückten sich tief in Kleider und Fleisch dessen, der das Tierchen auf dem Arme trug, so daß man über seine Sanftmut anderer Meinung werden konnte.

Dann aber trat im Laufe der Ereignisse eine Wendung ein, die des Erzählens wert ist.

Vielleicht war es das Verdienst des alten Haushundes, der sich sogar die Sympathien der Katzen zu erobern verstand.

Als er merkte, daß es ihm nicht gelang, sich mit dem neuen, kleinen Gast anzufreunden, streckte Ariolante sich gelassen und reglos auf dem Boden aus und verhielt sich ruhig, als schliefe er.

Dieses Sichtotstellen gefiel der kleinen Katze; es reizte ihre Neugier, und zum ersten Male in ihrem Leben raffte sie ihren Mut zusammen und ging dem mächtigen Feind entgegen. Anfangs näherte sie sich ihm natürlich mit größter Vorsicht. Mit gesenktem Köpfchen – das beinahe die Fliesen berührte – und hochgestelltem Schwanze, mit gespannten Augen und Ohren, bereit, sofort zu entwischen, falls die Hundeschnauze sich rühren oder die Augen sich öffnen sollten.

Was sie aber vollends beruhigt hatte, das mußte Ariolantes Schwanz gewesen sein, dieser Schwanz, der dem ihren so ähnlich und doch so verschieden war ... Der Schwanz des Hundes lag still im Schatten am Rande des Sonnenstrahls. Das Kätzchen schlich näher, um sich das lange, weiße und schwarze Ding zu betrachten, das unbewegt und gebogen vor ihm lag.

Immer näher kam das Schnäuzchen und das Pfötchen. Das eine beschnüffelte, das andere berührte sachte den Schwanz, überzeugt, daß wenigstens für den Augenblick noch keine Gefahr vorhanden sei.

Befriedigt von diesem Unterfangen, begann nun auch das Kätzchen sich totzustellen: ungefähr auf einen Meter Distanz lag es in dem Sonnenquadrat, das vom Fenster auf den Fliesenboden zurückgestrahlt wurde.

So lagen beide, der große und der kleine Kopf, kaum einen Meter voneinander getrennt, schlummernd auf den warmen Fliesen.

Alle acht Pfoten ruhten, die großen ausgestreckt und entspannt, die kleinen dicht an den Körper geschmiegt, in der Sonne. Schlaff und gekrümmt lagen die beiden Schwänze auf dem Boden.

Wir störten sie nicht, denn wir sahen in diesem friedlichen Gebaren schon den Anfang der Versöhnung zwischen den beiden feindlichen Welten.

Man weiß nicht, was sich später ereignet hat. Vielleicht hat sich das Kätzchen vom Schwanz seines Feindes völlig verführen lassen und ist im Sturmlauf

auf dem Rücken des Hundes gelandet. Jedenfalls haben wir sie einen Augenblick lang wirklich so gesehen: das Kätzchen furchtlos auf dem Rücken des Hundes; der alte Hund, ein Meister der Freundschaft, mit einer Miene, die uns seinen Triumph verriet.

Von jenem Tage an war die kleine Katze zutraulich zu allen, zu Freund und Feind, zu Brummfliegen und Schmetterlingen.

Eva Demski

Das Märchen vom Kater
mit der goldenen Pfote

Eines Tages spazierte eine gestreifte Katze in den Garten des Tierheims am Rand der Stadt. Zwar gab es genau zweiundvierzig gestreifte Katzen in diesem Tierheim, aber diese neue, dreiundvierzigste Katze fiel der Tierheimdame sofort auf. Sie schwankte unter der Last ihres Bauches wie ein Maulesel unter seinen Körben, und sie war längs gestreift. Längs gestreift wie eine Melone oder ein junges Wildschwein, und kurz vor der Niederkunft. Die Tierheimdame setzte sich auf den großen Brekkiesack, schlug die Hände vors Gesicht und sagte zu einem alten Kater, der sich in respektvollem Abstand von der Neuen (man weiß ja, wie launenhaft Schwangere sind) neben die Tierheimdame gesetzt hatte: „Das werden mindestens sieben Stück."

„Gra-hau!" sagte die längsgestreifte Katze und setzte sich auf den Sandweg, um sich die Pfoten zu lecken, die etwas aufgeschürft waren, weil man sie aus einem langsamfahrenden Auto direkt vor das Tierheimtor gestoßen hatte. Das Auto war längst davon, und wir wollen keinen Gedanken mehr daran verschwenden, denn auch die Tierheimdame hatte gelernt, die Dinge zu nehmen, wie sie kamen, und zerbrach sich schon lange nicht mehr den Kopf über die Ratschlüsse der Menschen.

Es wird nun in unserer Geschichte Zeit, allen mitspielenden Seelen auch einen Namen zu geben, oder

168

besser: ihre Namen zu verraten, denn sie hatten ja alle schon einen, bevor wir durch die Tür dieser Geschichte mitten ins Tierheim gekommen sind. Die längsgestreifte Katze hatte sich, als sie in einem Kosmetikkoffer von der Insel Malta in die Stadt unserer Geschichte reiste, an den Namen „Souvenir" gewöhnt. Damals war sie winzig, niedlich und ganz und gar nicht schwanger gewesen. Souvenir wurde erst geliebt, dann geduldet, dann lästig – es ist eine alte Geschichte, und nicht nur die dreiundvierzig Gestreiften, sondern auch die sechsundsiebzig Andersfarbigen, die Hunde, einäugigen Gänse und Zwergkaninchen hatten sie erlebt.

Die Tierheimdame hieß Lisa Katz. „Ich kenne jeden dummen Witz über meinen Namen, den es gibt. Sie brauchen sich gar nicht anzustrengen!" pflegte sie zu sagen, wenn sie sich vorstellte. Sie stellte sich aber selten vor, denn Menschen waren es ihr oft nicht wert, und bei den Viechern tat es nicht not.

Der alte Kater hieß Kunzelmann und war eine Hinterlassenschaft aus einer sogenannten WG, deren Mitglieder entweder in die Jahre, in Beamtenstellen oder in den Knast gekommen waren. Kunzelmanns Namensgeber saß im Knast und schrieb seinem Kater von dort Karten, die Lisa Katz ihm vorlas. Vielleicht war Kunzelmann deshalb so ausgeglichenen Gemüts. Zu ihnen gesellte sich jetzt noch ein hübscher Dackel, den seine Züchter wegen der Fehlfarbe (wie sie es nannten) hatten einschläfern lassen wollen. „Dies ist ein Hund", soll Lisa Katz damals geäußert haben, „und keine Zigarre." Die Fehlfarbe des

Dackels Zigarre wuchs sich zu einem ungewöhnlich schönen rötlichen Grau aus, eigentlich war er rosa, in einem bestimmten abendlichen Licht.

Zigarre und Kunzelmann waren Lisas eigene Tiere, für die sie keinen anderen Platz haben wollte als eben das Tierheim. Noch immer saß also die Neue, schwer schwangere Katze auf dem Weg, leckte sich die Pfoten und verbarg, daß auch sie einen Namen hatte. Lisa stand auf und holte einen Korb. Hinter dem Rücken versteckte sie, als sie wiederkam, ein Fläschchen Chloroform. Kunzelmann kannte dieses Fläschchen und wußte, wie viele kleine, unverwechselbare und völlig einmalige Katzenseelen mit seiner düsteren, aber sanften Kraft wieder dahin zurückbefördert worden waren, wo sie herkamen und wo, nach Kunzelmanns Meinung, die Verantwortlichen für das Übermaß an kleinen Katzen saßen. Der Kater haßte das Fläschchen und erinnerte sich dunkel daran, daß er vor langer Zeit (vor irgendeiner ihm unbegreiflichen Veränderung) das gleiche Problem damit zu lösen pflegte, indem er seine Brut einfach auffraß. Auch das erschien ihm aus der Weisheit seines Alters (und wegen der Veränderung) jetzt etwas barbarisch, aber immer noch besser als das verdammte Fläschchen. Auch Lisa liebte das Fläschchen keineswegs. Es war nur oft die einzige Lösung, und wie einen Spruch, der sich nicht entscheiden kann, ob er ein Segen sein will oder ein Fluch, murmelte sie, wenn sie das stinkende Zeug auf den Wattebausch träufelte und die energisch zappelnden, blinden Fellbündelchen in die vorbereitete Schachtel setzte: „Es bleibt euch viel erspart!"

Aber wer kann das wissen? Und wer ist so anmaßend, diesen Satz laut zu sagen angesichts eines Wurfs lebenssüchtig quiekender Kätzchen? Lisa Katz war nicht glücklich. Indessen entschloß sich die längsgestreifte Katze Souvenir niederzukommen, mied sorgfältig den dafür bereitgestellten Korb und gebar im Wäscheschrank, dessen Tür sie in geduldiger Arbeit aufgehebelt hatte, auf einem Stapel gebügelter Kopfkissen genau sieben Junge. Zigarre hätte Lisa sagen können, wo die Neue sich versteckt hatte, aber zwei Tage tat er, als sei seine Nase verstopft. Keiner brauchte was aus dem Wäscheschrank. Auch Kunzelmann hielt dicht, und die anderen Katzen blieben in ihren Gehegen, auf ihren Baumstümpfen und in ihren Häuschen und schauten aus halbgeschlossenen Augen den Weg entlang, ob nicht einer käme, der sie mitnähme. Als Souvenirs Wochenbett endlich entdeckt wurde, hatten die sieben schon Pelz, und Lisa sagte ihren ebenfalls oft gesprochenen Satz Nummer zwei für solche Fälle: „Jetzt kann ich es wirklich nicht mehr. Außerdem sind die so schön, die werden wir los, was, Zigarre?" Und der rosa Dackel Zigarre sah zustimmend drein, obwohl es für seinen Geschmack genug Katzen auf der Welt gab, eher wirklich ein paar zuviel. Aber einer jungen Mutter, das wußte er, kann man mit noch so klugen Gedanken über Geburtenkontrolle und Überbevölkerung keine Freude machen. Also behielt er sie für sich. Lisa pflückte entzückt ein Kätzchen nach dem anderen von den gebügelten Kopfkissen und setzte sie in den Korb, was Souvenir gnädig gestattete. Jedes ihrer Kinder hatte eine andere Farbe: Längs-

gestreift, quergestreift, schwarz, rot, dreifarbig ge-
scheckt (ein Mädchen), mausgrau (doch!) – und als
letztes kam ein weißes zum Vorschein, das eine goldene Vorderpfote hatte. Es war die linke, und erfahre-
ne Kater wie Kunzelmann, der sich den Nachwuchs
betrachtete, wußten: Mit einem solchen Kater hat der
Katzengott Besonderes vor. „Wer hätte gedacht", sagte Kunzelmann zu Zigarre, „daß wir selber mal so
einen zu sehen bekommen. In unserer Familie ist oft
davon erzählt worden, mein Urururgroßvater kannte
eine Kätzin, die mal einen Goldpfotigen gesehen
haben soll – und jetzt haben wir einen im Nest!"
„Sind das immer Kater, die mit der goldenen Pfote?"
fragte Zigarre, dem die Mythen fremder Völker nicht
so vertraut waren. „Es wird so erzählt!" sagte Kunzelmann mit jener Überheblichkeit, die selbst der
zerrupfteste Straßenkater dem feinsten Reicherleuts-
hund entgegenbringt. Zigarre war das gewöhnt, und
da er ein gescheiter Hund war, amüsierte er sich und
knurrte nicht. Er fragte auch nicht nach, was denn ein
Kater mit einer goldenen Pfote Besonderes könne,
denn die Frage hätte Kunzelmann in Verlegenheit
gebracht.

Gerade jetzt sagte Lisa Katz, die das vielfarbige
Gewusel im Korb liebevoll betrachtete, zu den Tieren: „Also das weiße finde ich besonders hübsch.
Schade, daß es diese gelbe Pfote hat!" Kunzelmanns
Pupillen wurden schwarz und rund vor Verachtung,
dann gähnte er und begann, sich die Pfoten zu
waschen. Menschen! dachte er. Du lieber Gott. Und
in der nächsten Zeit taten die Kätzchen, was Kätzchen

172

eben tun, nuckeln, piepsen und um den besten Platz kämpfen, schlafen, aufwachen und sich waschen lassen. Souvenir wußte um die Besonderheit ihres Sohnes. Sie betrachtete ihn mit der melancholischen und wilden Liebe aller Katzenmütter, die genau wissen, daß schon nach ein paaar Monaten ihre Kinder fremde Katzen sein würden. Dieser nicht! dachte sie und wusch ihm sorgfältig die goldene Pfote. Und so verhält es sich seit alters her mit den Goldpfotigen: Sie können Käfige öffnen. Sie können aus welken Blättern Mäuse werden lassen. Milch fließt plötzlich in Regenpfützen, und der Mensch, dem ein Goldpfotiger einmal die Tatze aufs Knie gelegt hat, ist dann – mag er Katzen vorher gehaßt haben wie besessen – ihnen auf immer verfallen.

Wenn das so ist, werden die Eingeweihten jetzt sagen, haben alle Katzen eine goldene Vorderpfote!

Sehen wir weiter. Die Kätzchen wuchsen, aber der einzige, dem Lisa einen Namen gegeben hatte, war der Weiße. Sie nannte ihn Tatze, und so wollen wir ihn auch nennen. Die Geschichte seiner sechs Geschwister ist bald erzählt. Sie machten eine schöne Karriere beim Fernsehen in einem Pausenfilm. Der Aufnahmeleiter hatte nur sechs Darsteller haben wollen. Er liebte nämlich nur gerade Zahlen und sagte, Weiß käme nicht so gut, auch verderbe die komische gelbe Pfote den Eindruck.

Siebentausenddreihundertzweiundfünfzig Leute riefen beim Sender an, als der Pausenfilm zum erstenmal gelaufen war, alle wollten ein Kätzchen haben, oder auch zwei, Fernsehkätzchen, und in den

173

Zeitungen wurde die mürrische Lisa gezwungen, die Geschichte dieses Wurfs zu erzählen. Im Tierheim war für kurze Zeit ein Betrieb wie im Kaufhaus. Lisa nahm die Kandidaten für ein Kätzchen so mißtrauisch unter die Lupe, als gelte es, Geheimdienstoffiziere auszuwählen. Zum Schluß wurden Souvenirs bunte Kinder (die ihr in den letzten Wochen schon ein bißchen lästig geworden waren) paarweise zu sehr vertrauenswürdigen Leuten gegeben und konnten sich fast allabendlich im Fernsehen bewundern.

Tatze aber blieb im Tierheim, von seiner Mutter zwanzigmal am Tag schneeweiß geputzt und von Kunzelmann respektvoll in den nötigsten Katerkünsten unterwiesen. Viel hatte der selbsternannte Lehrer nicht zu tun, weil Tatze eigentlich alles schon konnte.

Er war ein Kater von sanfter und verschmitzter Wesensart, und es wäre sicher leicht gewesen, auch für ihn einen bürgerlichen, angenehmen Platz zu finden. Aber Lisa Katz mochte sich nicht von ihm trennen und redete sich ein, sie behalte ihn unwillig und nur als Gespielen für den alten Kater Kunzelmann. Die gelbe Pfote störte sie jetzt nicht mehr. „Sie hat sicher einen Sinn!" sagte sie zu Kunzelmann. „Einfarbig weiße Katzen sind oft taub." Menschen, dachte Kunzelmann, ach du lieber Gott! Er setzte sich hin und wusch sich die Pfoten. Tatze tat es ihm nach und sah aus dunkelgrünen Augen einem kleinen Mädchen zu, das zwei ruppige, große Hunde aus dem Zwinger holte, um sie spazierenzuführen. Sie blieb vor Tatze stehen, während die Hunde leise wie Welpen fiepten und ihre Schwänze starr nach unten hielten.

„Seht mal, ihr großen Trampel!" sagte das kleine Mädchen zu den Hunden. „Der Kater hat eine goldene Pfote! Fürchtet ihr euch deswegen vor ihm?" Sie lachte und zog die widerstrebenden Hunde weiter.

„Das eine mußt du dir merken", sagte indessen Kunzelmann zu Tatze, „mit den Menschen mag intellektuell nicht viel los sein – aber ihre Jungen sollte man nicht unterschätzen! Es ist die einzige Spezies, die gescheit auf die Welt kommt und danach immer dümmer wird. Ich habe früher wissenschaftlich darüber gearbeitet!" Tatze nickte und lächelte.

Es war eine gewisse Aufregung an diesem Tag im Tierheim, weil Lisa ihre alljährliche Reise vorbereitete. Lisa war schon seit ein paar Jahren Anfang vierzig, eine undefinierbar aussehende Person mit irgendeiner Figur, die sie in graue Pullover und blaue Hosen mit Gummistiefeln zu verpacken pflegte. Sie liebte die Tiere, die ihr anvertraut waren, und wurde mit den Jahren so misanthropisch, wie man es halt in Tierheimen wird. Deshalb fuhr sie jedes Jahr zu den Bayreuther Festspielen. Dort badete sie ihre Seele, trug jeden Abend ein anderes Abendkleid und den gewaltigen Schmuck ihrer Großmutter. Aus ihrem Mausedutt wurde unter den Händen des Bayreuther Friseurs (jetzt heißt er Hairstylist, aber er besaß vier etwas mottenzerfressene Perserkatzen, die alle schon über sechzehn waren, und liebte Lisa sehr) eine fuchsfarbene Wolke. Dann schminkte sie sich zwei Stunden lang und nahm eine dunkle Brille mit, wenn der *Tristan* auf dem Programm stand. Zudem hatte sie eine etwas pathetische und sehr leidenschaftliche Affäre mit einem französischen Oboisten, den sie nur dort sah. Einmal im Jahr mußte sie das haben, und am vorletzten Abend begann sie sich, vom Oboistenabschied noch ganz weich und verheult, auf die Viecher zu freuen.

Die Reise nun bereitete Lisa vor, und die ernsten Schulmädchen und Veterinärmedizinstudenten, die ihr halfen, mußten ein Maschinengewehrfeuer von Vorschriften, Beschimpfungen und Rezepten über sich ergehen lassen. An jeder Wand klebten Zettelchen mit rätselhaften Mitteilungen wie „Sonntags Pille für Charlie" oder „Daniel nicht kämmen!" Ihre Helfer waren daran gewöhnt, Mensch und Vieh wartete ergeben darauf, daß Lisa sich auf ihre notwendige Reise begab.

Alles beruhigte sich, nachdem ein Taxi die bis zur Unkenntlichkeit verkleidete Lisa abgeholt hatte. Und schon in der ersten Nacht verschwanden sämtliche Hunde und Katzen aus dem Tierheim. Nicht Zigarre, Kunzelmann und Tatze: Sie waren in Lisas Wohnung geblieben; Tatze war nachts aufgewacht und unruhig geworden. Lisas junge Helfer standen am nächsten Morgen vor den aufgebrochenen Zwingern und dem leeren Katzenhaus. Nachdem sie zwanzig Minuten geheult hatten, holten sie die Polizei.

Bisher hatte der Kater mit der goldenen Pfote nicht auszuprobieren brauchen, was er alles konnte. Ja, ihm waren seine wunderbaren Fähigkeiten sorgfältig verhehlt worden, denn Kunzelmann befürchtete, daß Tatze die Nase zu hoch tragen würde, wenn man ihm zu früh sagte, daß er ein Erwählter sei. Jetzt aber war die Situation gekommen, denn Kunzelmann hatte (das lag an seiner politischen Vergangenheit) kein Vertrauen zur Polizei.

„Also, mein Junge", begann Kunzelmann seine Rede, alle langweiligen Reden von Erziehungsberechtigten fangen so an, und alle Kinder kriegen den gleichen Gesichtsausdruck und sagen „Oh, nein, Papa!" mit einem schrecklich belästigten Unterton. So war es auch bei Tatze: „Oh, nein, Kunzelmann!" sagte er, denn er wußte alles, was der ihm sagen wollte, schon längst und hatte sich nur aus Höflichkeit nichts anmerken lassen. „Ich finde sie. Ich hol' sie zurück, allesamt!" Wo man suchen mußte, war jedem Tier in der ganzen Stadt nur zu klar. Der Tierhändler hieß Sense, und wenn man ihm sein finsteres Geschäft zögernd und halbherzig verboten hatte, dann machte eben seine Frau weiter oder sein Schwiegersohn, der schon eine Karriere als Barschlepper, Fleischschieber und Spielhallenrausschmeißer hinter sich hatte. Der Handel mit dem lebenden Fleisch aber war der einträglichste. Sie saßen in einem Fabrikgelände weit draußen vor der Stadt, und Lisa wurde bleich, wenn sie Senses Namen hörte. Abnehmer für die verängstigten drogenbetäubten und verzweifelten Hunde und Katzen waren die weißen Firmen und Labors in der Stadt, in denen hinter dicken Mauern und höflich lügenden Pressesprechern Schreckliches geschah. Das Tierheim hatten die ausgesandten Diebe des Händlers schon lang im Visier, und sie waren auch informiert von Lisas alljährlicher Reise.

Was für eine miese Truppe das war, ein feiger, schwarzer Haufen von besoffenen Schmierenschauspielern und arbeitslosen Metzgern, ein armseliger Trupp, der das Sonnenlicht scheute und sein Elend in Lambruscoflaschen versenkte. Die meisten von ihnen hatten selbst ein Tier, einen Gefährten unter den Kaufhauseingängen, auf ihren stinkenden, alten Matratzen. Auch die hatten sie abgeben sollen, hatten es nicht getan, und mußten sich allnächtlich betrinken, weil sie ihnen nicht mehr in die Augen sehen konnten.

Das war ein Coup! Ein ganzes Tierheim voll Material, selbst den einäugigen Ganter hatten sie mitnehmen wollen. Der schämte sich, weil er nur heiser gewarnt hatte – schließlich war damals in Rom nicht so ein verdammter Nebel, dachte er –, aber einen der Gangster hatte er noch beißen können. Er war es auch, der Tatze sagte, wie viele es waren und welchen Weg sie eingeschlagen hatten, nachdem der Kater Lisas wohlverschlossene Wohnungstür mit einem sanften Pfotenstups geöffnet hatte.

Es war keine Zeit zu verlieren, und so stellte Tatze sich an die Straße und hielt seine goldene Pfote in die Höhe. Fast sofort, wie in amerikanischen Filmen, hielt einer, ein dunkler Motorradfahrer, der wahrscheinlich ein verkleideter Engel war. (Seit Cocteau tragen fast alle jüngeren Engel Motorraddreß, im Himmel wechselt die Mode nämlich nur alle tausend Jahre.) „Hopp!" sagte der Motorradfahrer zu dem Kater, der sich ihm um den Hals wickelte. Dann gab der Dunkle Gas, und nach kurzer Zeit tauchten die schwarzen Fabrikgebäude vor Tatze auf. „Brauchst du Hilfe?" fragte der Motorradfahrer. „Ich werde sie haben!" antwortete Tatze.

Er roch die Angst, seine Ohren legten sich unter dem Gewicht der Schreie flach nach hinten, und seine rosa Lippen gaben zwei schöne, dreieckige Reißzähne frei. Es waren unhörbare Schreie, denn die meisten Tiere dämmerten vor sich hin, giftbenebelt und dumpf. Die aus dem Tierheim waren unruhiger als die anderen, und Tatze wußte, daß sie alle da waren, alle. Den Rest der Nacht verbrachte er damit, einen Käfig nach dem anderen zu berühren und auf die Befreiten einzureden, erst beruhigend, dann revolutionär, eine Reihenfolge, die manchmal erfolgreicher ist als die umgekehrte. Spät fand er einen Panther in einer Kiste, der sich die Pfoten blutig gekämpft hatte und nun auf der Seite lag, in die Apathie geflohen, jenen einzigen wirklichen Zufluchtsort für Tiere. Tatze sprach mit ihm besonders lange und legte seine goldene Pfote kurz auf die Wunden des Panthers, die sofort verschwanden. Der Panther hörte zu. Dann lächelte er ein schönes und bedrohliches Lächeln. „Freßt nichts mehr von dem vergifteten Drogenzeug!" befahl Tatze, und mehr als vierhundert Ohren wandten sich seiner Stimme zu. Dann warteten sie, das Licht in der Halle wurde grau. Sie warteten stumm, fast unbeweglich, und nur Tatze hörte das Summen, wie es von angespannten Muskeln kommt. Gegen neun öffnete Sense das Tor, in jeder Hand einen stinkenden Eimer, in die er irgendwelche bösen Tränke gerührt hatte. Er setzte die Eimer ab, wischte sich über sein bierschwitzendes Gesicht und rülpste. Tatze stand unbeweglich hinter der Tür, das Summen wurde sehr laut. Dann sprang der Panther.

Ein großer, apathischer Rottweiler ging ihm zur Pfote. Es dauerte ziemlich lange, bis Sense einsah, daß seine Schreie nutzlos waren, weil seine Kumpane und seine finstere Familie noch im tiefen Schnapsschlaf lagen. Es dauerte ziemlich lange, bis jedes Tier an ihm getan hatte, wie es wollte. Irgendwann fuhr seine schwarze Seele zur Hölle, und als seine Spießgesellen fanden, was von ihm übrig war, entsannen sie sich an Gebetsreste aus ihrer Kindheit. Sie hatten Angst, verrückt zu werden. Die Kripo war hilflos, denn alle Tiere saßen ruhig in ihren verschlossenen Käfigen, bis auf einen kleinen, weißen Kater mit einer gelben Pfote. „Na, du?" sagte ein Polizist und sah den Kater an, um nicht auf das Ding unter der Pferdedecke schauen zu müssen. Der Kater Tatze legte dem Polizisten seine goldene Pfote aufs Ohr, es kitzelte. Nach fünf Minuten sagte der Polizist zu den anderen Polizisten, während er das Gemurmel des Polizeiarztes überhörte: „Es mag gewesen sein, wie es will, die Viecher können nichts dafür. Wir sollten Lisa Katz vom Tierheim holen, damit sie sich kümmert." Und Lisa Katz kam tatsächlich! Plötzlich, im *Lohengrin*, war sie so unruhig geworden wie noch nie. Sie kam, Tatze legte ihr seine Pfote aufs Ohr, und sie sagte nach fünf Minuten: „Diese Geschichte übernehme jetzt ich." Und weil sie nicht gestorben sind, leben sie noch heute.

Russisches Volksmärchen

Iwans Kater

Iwan der Reiche lebte nackt in einer Waldhütte und hatte einen Kater. Iwan kaufte Speck und Brot, der Kater aber fraß es auf. Da fing er ihn, prügelte ihn durch und verjagte ihn.

Der Kater war wütend auf seinen Herrn und wollte ihn beim Zaren anzeigen. Er ging, und wie er so ging, traf er auf einen Wolf.

„Guten Tag, Kater."

„Guten Tag, Wolf."

„Wohin des Weges, Kater?"

„Zum Zaren", sagte der Kater, „Iwan den Reichen anzeigen."

„Ich komme mit, Kater, denn wir werden auch geschlagen und gequält."

„Wie viele seid ihr denn?"

Da sagte der Wolf: „Hundert."

„Versammelt euch alle!" sagte der Kater.

Sie taten es und begaben sich zum Zaren.

Der Kater ging voran. Er kam zum Zaren und sagte: „Guten Tag, Zar."

„Guten Tag, Kater", entgegnete der Zar.

„Iwan der Reiche hat Euch hundert Wölfe als Geschenk geschickt."

„Vielen Dank für das Geschenk", sagte der Zar.

Inzwischen standen die Wölfe schon im Hof.

Da ließ der Zar die Wölfe von Jägern umzingeln und töten.

Der Kater aber lief zurück zur Hütte, sah, daß Iwan der Reiche nicht zu Hause war, fand den Speck und fraß ihn auf.

Iwan kam und sah, daß der Kater in der Ecke saß und sich die Pfoten ableckte.

Wahrscheinlich hat er den Speck gefressen, dachte Iwan. Er sah nach und entdeckte, daß kein Speck mehr da war. Da fing er den Kater, verprügelte ihn und jagte ihn aus der Hütte.

Da machte sich der Kater wieder auf den Weg, um Iwan den Reichen beim Zaren anzuzeigen. Er lief und lief, und da traf er auf ein Rudel Wildschweine.

„Wohin des Weges, Kater?"

„Zum Zaren. Iwan den Reichen anzeigen."

„Warum willst du ihn denn anzeigen?"

„Er hat mich schon zweimal geschlagen", sagte der Kater. „Das letzte Mal hat er mich so geschlagen, daß ich zwei Tage hinter der Hütte gelegen habe und schon dachte, es wäre aus mit mir."

„Wir kommen auch mit, denn wir werden auch geschlagen und gequält."

„Seid ihr denn viele?"

„Hundert."

„Dann versammelt euch nur alle, damit wir gemeinsam zum Zaren gehen."

Der Kater lief voran, die Wildschweine hinterher. Sie kamen zum Zaren. Der Kater war ihnen zuvorgekommen und sagte: „Guten Tag, Zar."

„Guten Tag, Kater. Was hast du uns zu berichten?"

„Iwan der Reiche hat Euch hundert Wildschweine als Geschenk geschickt."

„Danke Iwan dem Reichen für seine Geschenke. Die Wildschweine lasse ich gleich von meinen Jägern umzingeln und töten."

Die Jäger umzingelten die Wildschweine und töteten alle. Der Kater aber lief zur Hütte und fraß wieder den Speck. Da verprügelte ihn Iwan der Reiche noch mehr als zuvor.

Als der Kater etwas zu sich gekommen war, lief er wieder zum Zaren. Unterwegs traf er auf Hasen.

„Guten Tag, Kater!"

„Guten Tag, Hasen!"

„Wohin des Weges, Kater?"

„Zum Zaren, Iwan den Reichen anzeigen."

„Was hat er dir denn getan, daß du ihn anzeigen willst?"

„Er hat mich schon dreimal geschlagen."

„Könnten wir nicht mitkommen?"

„Warum wollt ihr denn zum Zaren?"

„Wir werden auch geschlagen und gequält."

„Wie viele seid ihr denn?"

„Hundert."

„Seht nur zu, daß ihr alle zusammen zum Zaren kommt", sagte der Kater.

„Gut", sagten sie. „Wir werden alle zusammen zu Hofe gehen, wie Schafe in den Stall."

Der Kater nahm sie mit. Er selbst lief voraus, die Hasen hüpften hinterdrein. Der Kater kam zum Zaren und sagte: „Guten Tag, Zar."

„Guten Tag, Kater. Was hast du uns zu berichten?"

„Iwan der Reiche hat Euch hundert Hasen als Geschenk geschickt."

183

„Danke ihm und sage ihm, ich habe eine Tochter. Er soll kommen, um sie zu freien." (Wißt ihr, der Zar dachte, Iwan wäre tatsächlich so reich.)

„Gut", entgegnete der Kater, „ich werde es ihm sagen. Vielleicht will er aber gar nicht zu Euch kommen."

„Warum denn nicht? Sag ihm nur, ich habe Ländereien, Gold, Silber und allerlei Güter, nicht zu wenig."

„Gut", sagte der Kater, „ich werde es ihm sagen." Der Kater kam zur Hütte gelaufen und sagte: „Komm mit zum Zaren, Iwan, ich werde dich verheiraten!"

„Wie soll ich denn mitkommen, wenn ich nichts anzuziehen habe?"

„Komm schon, komm schon, unterwegs beschaffe ich dir Kleidung."

In der Nähe des Zarenhofes zerkratzte der Kater Iwan das Gesicht und lief davon. Da saß nun Iwan und überlegte: Was tun? Nach Hause kann ich nicht zurück, denn ich kenne den Weg nicht. So dankt mir der verdammte Kater dafür, daß ich ihn wegen des Specks geschlagen habe.

Der Kater aber lief zum Zaren und sagte: „Räuber haben uns überfallen. Sie haben uns das Geld, die Kleider und die Pferde weggenommen, und Iwan den Reichen haben sie halb totgeprügelt.

Da ließ ihm der Zar Kleider geben und schickte Pferde aus. Iwan bekam Kleider und Schuhe, und man brachte ihn zum Zaren.

Er lebte dort eine Woche, vielleicht auch länger.

Sie hatten bereits Hochzeit gefeiert, und es wäre Zeit gewesen, die junge Frau nach Hause zu bringen. Er ließ sich aber immer noch bewirten.

Der alte Zar wollte nun gern zu seinem Schwiegersohn fahren.

Da sagte Iwan der Reiche zu dem Kater: „Wo bringen wir sie nur hin? Du weißt doch selber, daß wir nur eine Waldhütte haben."

„Ich bringe dich zu einem Palast", sagte der Kater.

Der Kater lief voraus, und alle folgten ihm. Auch Soldaten mit Kanonen kamen mit. Der Kater lief und lief. Da sah er unterwegs einen Hirten Pferde hüten. Er fragte ihn: „Wem gehören die Pferde?"

„Dem Lindwurm", sagte der Hirt.

„Sag nicht ‚dem Lindwurm'", belehrte ihn der Kater, „sag ‚Iwan dem Reichen', sonst erschlägt dich der Blitz."

Der Zar kam gefahren und fragte den Hirten: „Wessen Pferde hütest du?"

„Iwans des Reichen", sagte der Hirt.

„Solche Pferde wie unser Schwiegersohn haben wir nicht", sagte die Zarin erstaunt.

Der Kater aber lief weiter, und da sah er einen Hirten Rinder hüten. Er fragte auch ihn: „Wem gehört das Vieh?"

„Dem Lindwurm", entgegnete der Hirt.

„Sag nicht, daß es dem Lindwurm gehört", belehrte ihn der Kater, „wenn du weiterleben willst. Sag, es gehört Iwan dem Reichen."

Der Zar kam gefahren und fragte: „Wem gehört dieses Vieh?"

185

„Iwan dem Reichen", entgegnete der Hirt.

Die Zarin schaute und schaute und sagte: „Was für schönes Vieh unser Schwiegersohn hat! Solches haben wir nicht."

Inzwischen war der Kater beim Palast angelangt. Der Lindwurm kam heraus, und der Kater fragte ihn: „Wem gehört dieser Palast?"

„Mir", sagte der Lindwurm.

„Scher dich schnell fort, sonst kommt der Blitz und erschlägt dich, hörst du?"

„Wo soll ich denn hin?" fragte der Lindwurm.

„Klettere in eine hohle Weide."

Der Lindwurm kroch in eine hohle Weide, und der Kater verschmierte sie mit Pech. Da kamen die Diener des Lindwurms herausgelaufen, und der Kater sagte zu ihnen: „Sagt niemandem, daß der Palast dem Lindwurm gehört, sagt, er gehörte Iwan dem Reichen! Denn", sagte er, „seht nur, der Lindwurm sitzt nämlich schon in dem hohlen Baum, und euch geschieht das gleiche, wenn ihr nicht auf mich hört. Schaut nur zu, daß für alle Gäste zu essen und zu trinken da ist!"

Der Zar kam zum Palast gefahren, und er bekam zu essen und zu trinken, was sein Herz begehrte. Alle aßen und tranken sich satt, und der Kater sagte zu dem Zaren: „Befehlt, daß die Schützen mit der Kanone in die trockene Weide schießen!"

Da schossen die Schützen. Die Weide flog auseinander, und der Lindwurm verendete.

Nun lebte Iwan der Reiche in dem Palast und der Kater auch.

Maria Aurèlia Capmany

Nano III.

Er heißt Nano und ist der dritte böse, wilde schwarze
Kater, der im Hause lebt. Er gehört einer Dynastie
an, durch Wahl, nicht durch Abstammung. Alle drei
Nanos waren Kater und hatten keine anerkannten
Nachkommen. Nano I. starb noch, bevor Nica geboren wurde.
Niemand kann sich mehr daran erinnern, wer ihn so
getauft hatte. Nano II. erlebte Nicas erste Weinanfäl-
le, ihren ersten Augenaufschlag, und in sein Fell, das
ebenso schwarz und glänzend war wie das seines Vor-
gängers, drückte Nica zum erstenmal ihre Finger.
Eines Tages war er fort; die einen sagten, er sei wohl
von einem Lastwagen überfahren worden, die anderen meinten, er sei ganz einfach verschwunden.

Und als ob nach einem nicht nachweisbaren Gesetz
die Katzentradition einem Flusse gleich ununterbrochen fortströmen müsse, erschien an einem Nachmittag im Spätsommer Nano III. auf der Gartentür, ebenso schwarz, glänzend und rätselhaft wie seine beiden
Vorgänger. Er sprang hinunter und streifte mit dem
Rücken an den blaugestrichenen Stäben des Laufställchens entlang, in dem sich Nica fürchterlich langweilte. Sie konnte bereits stehen und nach Gegenstän-
den, die um sie herum lagen, greifen, sie in die Luft
werfen und dabei feststellen, daß sie von ganz hoch
oben unweigerlich immer wieder herabfielen.

Nano III. rieb behaglich seinen Rücken gegen die

blauen Stäbe des Käfigs. Er streckte seine runde, puderquastenweiche Pfote hinein und streichelte Nicas nackte Füße. Und Nica streckte ihre Hände aus und griff mit weit gespreizten Fingern in das weiche, pechschwarze Fell, auf das – wahrscheinlich von der untergehenden Sonne – ein roter Abglanz fiel, und zog daran mit ihrer ganzen geheimnisvollen bösen Kraft.

Nano III. hielt brav aus. Er verbarg seine Krallen in der behaarten Pfote und krümmte geschickt, ganz ganz langsam und behutsam, den Rücken, bis das glatte schwarze Fell den Fingern Nicas entglitt. Und nach diesem geschickten Manöver strich Nano III. wieder mit dem Rücken an den blauen Stäben des Ställchens entlang, streckte er wieder mit einer gewissen Bescheidenheit seine Pfote hinein und ließ sich erneut von den langen, harten Fingern greifen. Nica jauchzte vor Vergnügen, und Nano III. verharrte in würdevoller Gelassenheit.

Plötzlich erschien die Frau. Sie erschien immer so plötzlich, einen nicht enden wollenden Redeschwall ausstoßend, ein Auf und Ab vielfältiger, bunter, überraschender Schreie ohne jeden zärtlichen Klang, die unmöglich auszuhalten waren.

Nica stand ganz still, sie zuckte nicht einmal mit den Wimpern. Nano III. aber machte einen Satz, erreichte mit vorgestreckten Pfoten die Mauerkante und lag, nach einem geschickten Aufschwung, unbeweglich wie eine Sphinx auf der weißen Mauer.

Die Frau ergriff das Kind mit beiden Händen und hob es über das blaue Gitter des Laufställchens, worauf die Kleine, anstatt dankbar zu sein, wütend zu schreien begann.

Nano III. beobachtete die Szene gleichgültig und erhaben. Grün leuchteten die Kreise seiner Augen im Licht, Juwelen gleich. Die Pupillen wirkten wie winzig kleine Schießscharten, und sein Blick war stechend und spöttisch.

Ein andermal. Die Frau, eingehüllt in die Gerüche von Fisch, Asche und angebrannter Milch, kam bestimmt aus der Küche und versuchte vergeblich, ihn zu vertreiben, denn im gleichen Augenblick, da er sie mit dem Besen in der Hand erblickte, und bevor sie noch Zeit hatte, auf ihn zuzugehen, setzte Nano III. zum Sprung an. Sein Körper, der sich in der Wärme Nicas zu einem Knäuel zusammengerollt hatte, verwandelte sich in einen spitzen Pfeil, zog sich erneut zusammen, und einige Zentimeter zu kurz gesprungen, kratzte er den Kalk der Mauer, der abbröckelte. Endlich oben auf der Mauer, nahm er gleichgültig seine Sphinxstellung ein. Nicht gleichgültig, nein: spöttisch.

Nano III. kannte den Weg – ein schnurgerader Strich, ausgehend von dem Orte, wo Nica sich befand, ob im Inneren des blau gestrichenen Laufställchens, auf der Eingangstreppe oder unter dem Zitronenbaum, bis zu seinem Platz auf der weiß gekalkten Mauer, denn seine Nägel hatten ein genaues Merkmal, eine Wunde in die Mauer geschlagen, durch die sich die unbestimmte Röte der Ziegel zeigte.

Die Frau mußte aber auch immer auf irgendeine

Weise die Anwesenheit Nanos III. bei Nica ahnen, denn sie erschien auf der Stelle, und sie und der Besen nahmen die Verfolgung des bösen Katers auf, wobei sie nur erreichte, daß sein Sprung immer vollendeter wurde. Nicht ein einziges Mal erwischte sie ihn. So kam es, daß der böse, wilde Kater allmählich im Hause geduldet wurde. Er gehörte zum Hause. Sein leiser Schritt, sein zerstreutes Miauen, die wunderbare Bewegung seines Körpers beim Sprung bildeten bald einen Teil des häuslichen Lebens.

Daß er zum Hause gehörte und geduldet wurde, ist freilich nur eine Redensart.

Er gehörte zum Hause dank seiner Kunst, unerwartet zu erscheinen, sei es auf dem Büfett, zwischen Bechern und Gläsern, sei es zwischen den Beinen der Frau, wobei die aufgestellte Schwanzspitze genau den Anfang ihrer Oberschenkel berührte.

Ab und zu rollte er sich behaglich auf dem Schaukelstuhl zusammen, und zwar auf dem handgestrickten Kissen ihrer Majestät der Großmutter. Die Großmutter las die Zeitung, fast ohne zu schaukeln, fächelte sich oder hielt einfach lange Siesten.

Niemand erfuhr jemals, wie Nano III. die Rechte der Großmutter erkannt hatte. Doch sobald die Großmutter erschien, sei es von der Straße, sei es aus dem Innern des Hauses kommend, streckte sich das zusammengerollte Knäuel aus und verschwand nicht nur aus der Reichweite der Hände, sondern auch aus der des Blickes, während die Großmutter sagte: „Dieser böse Kater!"

Was die Großmutter jedoch sah, war nicht der

Kater selbst, sondern nur der höhnisch hin- und herschwingende Schaukelstuhl.

Sehr oft konnte man ihn dabei finden, wie er irgendeinen runden Gegenstand mit wissenschaftlicher Besessenheit rollen ließ. Es genügte schon, daß ein Gegenstand rollte, um seine unumschränkte Aufmerksamkeit auf sich zu lenken, und er versuchte dann mit waghalsigen Sprüngen, das sich bewegende Etwas aufzuhalten, und wenn ihm dies gelang, es sogleich erneut zum Rollen zu bringen. Die Unbeweglichkeit macht ihn unruhig, und halsstarrig wiederholte er jene halb vorsichtige, halb gewagte Bewegung, eine Pfote ganz, ganz allmählich auszustrecken, schnell den nötigen Stoß zu geben und erneut zum Sprung anzusetzen, sobald er den lockenden Zustand der Bewegung erreicht hatte.

Es mußte auf dem leidenschaftlichen Interesse Nanos III. für runde Gegenstände beruhen, daß ihn die Gegenwart Nicas so bezauberte.

Keine Anziehungskraft schien größer als die Rundlichkeit und Symmetrie Nicas. Außerdem besitzt Nica mannigfache Fähigkeiten. Sie kann rollen, kriechen, schleichen, mit einer gewissen Ungeschicklichkeit klettern und ab und zu, wenn man es gar nicht erwartet, sich auf beide Füße aufrichten, um sich, grundlos wütend, in eine vollkommen unerwartete Richtung zu begeben. Parallel an der Seite Nicas vorbeizuschlüpfen, durch deren brüske Absichtsänderung mit ihr zusammenzustoßen, in der Nähe des leichten, von Nica ausgehenden angenehmen Geruchs hinzurollen, sich von der flinken Hand mit den langen Fingern einfangen zu lassen, ihre Schreie und ihr Lachen zu hören, jenes merkwürdige „Glu-Glu", das dem Plätschern des Wassers gleicht – dies alles erfüllt den schwarzen, bösen Kater mit seliger Verzauberung.

Es muß eine Art Verzauberung sein, denn normalerweise muß man sagen, daß Nano III. von Natur aus zurückhaltend ist. Er besitzt eine einmalige Kunst zu fliehen. Und was noch überraschender ist, seine Flucht ist schnell, lebhaft, aber würdig. Man hat den Eindruck, daß die Flucht Nanos III. eine Flucht aus Verachtung, nicht aber aus Feigheit ist.

Er fängt, aber er läßt sich nicht fangen. Er setzt sich widerrechtlich auf den Platz der Großmutter, hüllt sich in die Wärme der Küche, raubt nicht nur die Abfälle, sondern alles, was sich in Reichweite seines wunderbaren Sprungvermögens befindet, er fährt einem verwüstenden Blitz gleich über das glänzende Glas des Tisches.

„Was für ein böser Kater", urteilt die Großmutter.

Das Urteil der Großmutter ist der Ausdruck, der auf ihn am besten paßt: Nano III. ist ein Bösewicht. Niemand hat ihn je erwischen können. Will man, daß er im Hause bleibt, ersinnt er einen Plan zur Flucht in die Nacht. Und aus der Schwärze des Gartens blicken euch zwei runde, teuflisch vollkommene Augen an, als läge die ganze Nacht, ihr unbewußter Lärm, ihre ganze Stille in ihnen. Will man aber, daß er draußen bleibt, und verfolgt man ihn mit freundlichen Worten durch das ganze Haus, und gelingt es dann auch endlich mit letzter Anstrengung, ihn auszusperren und den Türriegel mit einem unwillkürlichen Triumphseufzer vorzuschieben, dann sieht man bei einem letzten Blick in die Küche, wie Nano III., der Bösewicht, dort schläft, ganz unschuldig, den Kopf auf die Vorderpfoten gelegt, mit gerunzelter Nase und fest zusammengekniffenen Augen, als ob er im Traumland komplizierte Wege ginge.

Jemand hat mit Engelsworten versucht, ihn anzulocken, doch Nano III. weicht zurück, sobald ihn die schwingenden Töne der Worte erreichen, und plötzlich wendet er sich um und schießt, jene verzauberte Sprungfeder loslassend, davon.

Niemand kann ihn erwischen, außer Nica. Nur sie darf sein Fell greifen und daran ziehen, bis sie ihm, wie es scheint, seinen schwarzen Mantel auszieht. Sie kann ihn bei den Vorderpfoten packen und einen Tanz vollführen oder bei den Hinterpfoten, eine erstaunliche Quadriga nachahmend und dabei Freudenschreie ausstoßend. Sie kann ihn am Bauch kitzeln oder ihn umarmen, wie sie es mit allen Dingen tut, die sie findet, oder ihn auf dem Boden platt drücken, indem sie mit gespreizten Beinen auf seinem Rücken sitzt. Alles läßt sich Nano III. gefallen. Doch plötzlich fühlt Nano III. etwas, was ihm einen unerträglichen Schmerz verursacht, und die Sprungfeder, immer unter seinem glänzenden Fell, unter seinen geschmeidigen Muskeln zum Abschuß bereit, schießt los, und auf der weißen Mauer erlangt Nano III. wieder seine Gleichgültigkeit, vielleicht eine gespielte Gleichgültigkeit, und beobachtet scharf durch die Augenschlitze die ferne Gefahr der Worte Nicas.

„Nano, du Bösewicht, hübscher Nano", hat Nica einfach gesagt.

Und Nica verharrt an der Schwelle ihres blauen Stangenkäfigs, ihre Worte, die sie gerade gelernt hat und nur ab und zu gebraucht, noch auf den Lippen. Nano III., an der Schwelle seiner Freiheit, auf der weißen Mauer, betrachtet mit der würdigen, erhabenen Haltung überwundener Angst durch die Schießscharten im Glase seiner Augen Nica, ein Bild der Trostlosigkeit.

Manchmal wird sie empört wiederholen: „Katze! Katze! Komm Katze!"

Doch Nano III., pechschwarz auf der völlig ins Sonnenlicht getauchten Mauer, wild und böse, wird den Kopf drehen, da er in der Nähe einen Vogel erspäht hat, und ins Leere springen, das Vergnügen einer wilden Jagd witternd.

Gebrüder Grimm

Der gestiefelte Kater

Es war einmal ein Müller, der hatte drei Söhne, seine
Mühle, einen Esel und einen Kater; die Söhne mußten mahlen, der Esel Getreide holen und Mehl fort-
tragen, die Katze dagegen die Mäuse wegfangen.

Als der Müller starb, teilten sich die drei Söhne in
die Erbschaft: Der älteste bekam die Mühle, der
zweite den Esel, der dritte nur den Kater.

Da war er traurig und sprach zu sich selbst: „Mir
ist es doch recht schlimm ergangen, mein ältester
Bruder kann mahlen, mein zweiter auf seinem Esel
reiten – was kann ich mit dem Kater anfangen? Ich
lass' mir ein Paar Pelzhandschuhe aus seinem Fell
machen, dann ist's vorbei."

„Hör", fing der Kater an, der alles verstanden hatte, „du brauchst mich nicht zu töten, um ein Paar
schlechte Handschuhe aus meinem Pelz zu kriegen;
laß mir nur ein paar Stiefel machen, daß ich ausgehen
und mich unter den Leuten sehen lassen kann, dann
soll dir bald geholfen sein."

Der Müllersohn verwunderte sich, daß der Kater
so sprach, weil aber eben der Schuster vorbeiging,
rief er ihn herein und ließ ihm die Stiefel anmessen.
Als sie fertig waren, zog sie der Kater an, nahm einen
Sack, machte dessen Boden voll Korn, band aber eine
Schnur drum, womit man ihn zuziehen konnte, dann
warf er ihn über den Rücken und ging auf zwei Beinen, wie ein Mensch, zur Tür hinaus.

Damals regierte ein König im Land, der aß so gerne Rebhühner: Es war aber eine Not, daß keine zu kriegen waren. Der ganze Wald war voll, aber sie waren so scheu, daß kein Jäger sie erreichen konnte. Das wußte der Kater und gedachte seine Sache besser zu machen; als er in den Wald kam, machte er seinen Sack auf, breitete das Korn auseinander, die Schnur aber legte er ins Gras und leitete sie hinter eine Hecke. Da versteckte er sich selber, schlich herum und lauerte.

Die Rebhühner kamen bald gelaufen, fanden das Korn – und eins nach dem anderen hüpfte in den Sack hinein. Als eine gute Anzahl drinnen war, zog der Kater den Strick zu, lief herbei und drehte ihnen den Hals um; dann warf er den Sack auf den Rücken und ging geradewegs zum Schloß des Königs.

Die Wache rief: „Halt! Wohin?"

„Zum König!" antwortete der Kater kurzweg.

„Bist du toll, ein Kater und zum König?"

„Laß ihn nur gehen", sagte ein anderer, „der König hat doch oft Langeweile, vielleicht macht ihm der Kater mit seinem Brummen und Spinnen Vergnügen."

Als der Kater vor den König kam, machte er eine tiefe Verbeugung und sagte: „Mein Herr, der Graf" – dabei nannte er einen langen und vornehmen Namen –, „läßt sich dem Herrn König empfehlen und schickt ihm hier Rebhühner"; wußte der sich vor Freude nicht zu fassen und befahl, dem Kater soviel Gold aus der Schatzkammer in seinen Sack zu tun, wie er nur tragen könne: „Dies bringe deinem Herrn, und danke ihm vielmals für sein Geschenk."

Der arme Müllersohn aber saß zu Haus am Fenster, stützte den Kopf auf die Hand und dachte, daß er nun sein letztes Geld für die Stiefel des Katers weggegeben habe und der ihm wohl nichts Besseres dafür bringen könne.

Da trat der Kater herein, warf den Sack vom Rücken, schnürte ihn auf und schüttete das Gold vor den Müller hin: „Da hast du etwas Gold vom König, der dich grüßen läßt und sich für die Rebhühner bei dir bedankt."

Der Müller war froh über den Reichtum, ohne daß er noch recht begreifen konnte, wie es zugegangen war.

Der Kater aber, während er seine Stiefel auszog, erzählte ihm alles; dann sagte er: „Du hast jetzt zwar Geld genug, aber dabei soll es nicht bleiben; morgen ziehe ich meine Stiefel wieder an, dann sollst du noch reicher werden; dem König habe ich nämlich gesagt, daß du ein Graf bist."

Am andern Tag ging der Kater, wie er gesagt hatte, wohlgestiefelt, wieder auf die Jagd und brachte dem König einen reichen Fang. So ging es alle Tage, und der Kater brachte alle Tage Gold heim und ward so beliebt beim König, daß er im Schloß ein- und ausgehen durfte.

Einmal stand der Kater in der Küche des Schlosses beim Herd und wärmte sich, da kam der Kutscher und fluchte: „Ich wünschte, der König mit der Prinzessin wäre beim Henker! Ich wollte ins Wirtshaus gehen, einmal einen trinken und Karten spielen, da sollt' ich sie spazierenfahren an den See."

Wie der Kater das hörte, schlich er nach Haus und sagte zu seinem Herrn: „Wenn du ein Graf und reich werden willst, so komm mit mir hinaus an den See und bade darin."

Der Müller wußte nicht, was er dazu sagen sollte, doch folgte er dem Kater, ging mit ihm, zog sich splitternackt aus und sprang ins Wasser. Der Kater aber nahm seine Kleider, trug sie fort und versteckte sie. Kaum war er damit fertig, da kam der König dahergefahren; der Kater fing sogleich an, erbärmlich zu lamentieren: „Ach! Allergnädigster König! mein Herr, der hat sich hier im See zum Baden begeben, da ist ein Dieb gekommen und hat ihm die Kleider gestohlen, die am Ufer lagen; nun ist der Herr Graf im Wasser und kann nicht heraus, und wenn er sich noch länger darin aufhält, wird er sich erkälten und sterben."

Wie der König das hörte, ließ er anhalten und einer seiner Leute mußte zurückjagen und von des Königs Kleidern holen.

Der Herr Graf zog dann auch die prächtigen Kleider an, und weil ihm ohnehin der König wegen der Rebhühner, die er meinte, von ihm empfangen zu haben, gewogen war, so mußte er sich zu ihm in die Kutsche setzen. Die Prinzessin war auch nicht bös darüber, denn der Graf war jung und schön, und er gefiel ihr recht gut.

Der Kater aber war vorausgegangen und zu einer großen Wiese gekommen, wo über hundert Leute waren und Heu machten. „Wem ist die Wiese, ihr Leute?" fragte der Kater.

„Dem großen Zauberer."

„Hört, jetzt wird gleich der König vorbeifahren, wenn er wissen will, wem die Wiese gehört, so antwortet: dem Grafen; und wenn ihr das nicht tut, so werdet ihr alle erschlagen."

Darauf ging der Kater weiter und kam an ein Kornfeld, so groß, daß es niemand übersehen konnte; da standen mehr als zweihundert Leute und schnitten das Korn.

„Wem gehört das Korn, ihr Leute?"

„Dem Zauberer."

„Hört, jetzt wird gleich der König vorbeifahren, wenn er wissen will, wem das Korn gehört, so antwortet: dem Grafen; und wenn ihr das nicht tut, so werdet ihr alle erschlagen."

Endlich kam der Kater an einen prächtigen Wald, da standen mehr als dreihundert Leute, fällten die großen Eichen und machten Holz.

„Wem ist der Wald, ihr Leute?"

„Dem Zauberer."

„Hört, jetzt wird gleich der König vorbeifahren, wenn er wissen will, wem der Wald gehört, so antwortet: dem Grafen; und wenn ihr das nicht tut, so werdet ihr alle erschlagen."

Der Kater ging noch weiter, die Leute sahen ihm alle nach, und weil er so wunderlich aussah und wie ein Mensch in Stiefeln daherging, fürchteten sie sich vor ihm. Er kam bald an des Zauberers Schloß, trat keck hinein und vor diesen hin. Der Zauberer sah ihn verächtlich an, dann fragte er ihn, was er wolle. Der Kater verbeugte sich tief und sagte: „Ich habe gehört, daß du dich in jedes Tier ganz nach deinem Belieben verwandeln könntest; was einen Hund, Fuchs oder auch Wolf betrifft, da will ich es wohl glauben, aber von einem Elefanten, das scheint mir ganz unmöglich, und deshalb bin ich gekommen, um mich selbst zu überzeugen."

Der Zauberer sagte stolz: „Das ist für mich eine Kleinigkeit" und war in dem Augenblick in einen Elefanten verwandelt.

„Das ist viel", sagte der Kater, „aber auch in einen Löwen?"

„Das ist auch nichts", sagte der Zauberer, dann stand er als Löwe vor dem Kater.

Der Kater stellte sich erschrocken und rief: „Das ist unglaublich und unerhört, dergleichen hätt' ich mir nicht im Traume vorstellen können; aber noch mehr als alles andere wär' es, wenn du dich auch in ein so kleines Tier wie eine Maus verwandeln könntest. Du kannst gewiß mehr als irgendein Zauberer auf der Welt, aber das wird dir doch zu hoch sein."

Der Zauberer ward ganz freundlich von den süßen Worten und sagte: „O ja, liebes Kätzchen, das kann ich auch" und sprang als eine Maus im Zimmer herum.

Der Kater war hinter ihm her, fing die Maus mit einem Satz und fraß sie auf.

Der König aber war mit dem Grafen und der Prinzessin weiter spazierengefahren und kam zu der großen Wiese.

„Wem gehört das Heu?" fragte der König.

„Dem Herrn Grafen", riefen alle, wie der Kater ihnen befohlen hatte.

„Ihr habt da ein schönes Stück Land, Herr Graf",
sagte der König. Danach kamen sie an das große
Kornfeld.

„Wem gehört das Korn, ihr Leute?"

„Dem Herrn Grafen."

„Ei! Herr Graf! Große, schöne Ländereien!"

Darauf zu dem Wald: „Wem gehört das Holz, ihr
Leute?"

„Dem Herrn Grafen."

Der König verwunderte sich noch mehr und sagte:
„Ihr müßt ein reicher Mann sein, Herr Graf, ich
glaube nicht, daß ich einen so prächtigen Wald habe."
Endlich kamen sie an das Schloß, der Kater stand
oben an der Treppe, und als der Wagen unten hielt,
sprang er herab, machte die Tür auf und sagte: „Herr
König, Ihr gelangt hier in das Schloß meines Herrn,
des Grafen, den diese Ehre für sein Lebtag glücklich
machen wird."

Der König stieg aus und verwunderte sich über das
prächtige Gebäude, das fast größer und schöner war
als sein Schloß; der Graf aber führte die Prinzessin
die Treppe hinauf in den Saal, der ganz von Gold und
Edelsteinen flimmerte.

Da ward die Prinzessin dem Grafen versprochen,
und als der König starb, ward er König, der gestiefelte
Kater aber Erster Minister.

Italo Calvino

Die Katze und der Polizist

Seit einiger Zeit schon durchsuchten sie die Stadt nach versteckten Waffen. Die Polizisten mit den Lederhelmen auf dem Kopf, die ihnen ein uniformiertes, menschenunähnliches Aussehen verliehen, stiegen in die Mannschaftswagen, und los ging's mit lautem Hupen durch die Armenviertel, der Wohnung irgendeines Handwerkers oder Arbeiters zu, um angelegentlich in den Wäschetruhen zu wühlen und die Ofenrohre auseinanderzunehmen. Ein stiller Kummer nagte in jenen Tagen am Gemüt des Polizisten Baravino.

Baravino war arbeitslos gewesen, erst seit kurzem diente er bei der Polizei. Kürzlich also hatte er das Geheimnis erfahren, das auf dieser scheinbar so friedfertigen und fleißigen Stadt lastete: Hinter den Mauern aus Zement, die die Straßen säumten, in unzugänglichen Gehegen, in finsteren Kellerräumen lag ein ganzer Wald funkelnder Waffen, die sich drohend sträubten wie die Stacheln eines Stachelschweins. Man sprach von Maschinengewehrdepots, von unterirdischen Munitionslagern, und angeblich hatte jemand hinter einer vermauerten Tür sogar eine vollständige Kanone im Zimmer versteckt. Wie metallhaltige Vorkommen, die auf das Vorhandensein eines Erzlagers schließen lassen, fand man in den Wohnungen der Stadt Pistolen, die in Matratzen eingenäht waren, und Gewehre unter den Dielen. Der Polizist

Baravino fühlte sich nicht mehr wohl unter seinen eigenen Leuten. Jedes Schleusenloch, jeder Gerümpelhaufen schien unvorstellbare Gefahren zu bergen; oft mußte er an die versteckte Kanone denken, und dann malte er sich mitunter aus, daß sie in der guten Stube einer Wohnung stand, die er von seiner Kindheit her kannte – in einer jener Stuben, die jahrelang verschlossen bleiben. Er sah die Kanone zwischen den spitzenbesetzten, verschossenen Plüschsofas, sah die verschlammten Räder auf dem Teppich und die Lafette, die bis zum Kronleuchter hinaufreichte; sie war so groß, daß sie den ganzen Raum ausfüllte und den Lack vom Flügel absplittern ließ.

Eines Abends, als die Polizei in den Arbeitervierteln eingesetzt wurde, umstellten sie ein Haus. Es war ein großes Gebäude, das ziemlich verschlampt aussah, als hätte die Aufgabe, eine vielköpfige Menschheit zu beherbergen und zu bändigen, seine Stockwerke und Mauern deformiert und auch ihnen löcheriges altes Fleisch voller Schwielen und Krusten eingebracht. Rings um den Hof, der vollgestopft war mit Mülltonnen, wanden sich in jeder Etage die verbogenen, rostigen Eisengeländer der Laufgänge; an diesen Geländern und an Bindfäden, die von einem Geländer zum anderen gespannt waren, hingen Kleidungsstücke und Lumpen, und an den Laufgängen lagen Fenstertüren mit Brettern an Stelle der Scheiben, aus denen schwarze Ofenrohre herausragten, und am Ende eines jeden solchen Ganges, übereinandergeschichtet wie in alten Türmen, standen die Aborthäuser, und immer so weiter, Stockwerk für

Stockwerk – dazwischen noch die Halbgeschoßfensterchen, aus denen Nähmaschinengeräusche und Suppendünste drangen –, bis hinauf zu den Eisengittern der Mansarden, den schiefen Traufdächern und den schäbigen Dachluken, die wie Backöfen gähnten.

Ein Labyrinth abgewetzter Treppen durchlief von den Kellerräumen bis unter das Dach den Körper des alten Hauses gleich schwarzen Venen mit unzähligen Verästelungen, und auf den Treppen, scheinbar verstreut, wie der Zufall es gerade wollte, öffneten sich die Türen der Zwischenstockbehausungen und der anderen Wohnungen. Die Polizisten stiegen hinauf, ohne den grausigen Widerhall ihrer Schritte verändern zu können; sie versuchten, die Namen an den Türen zu entziffern, und schritten unaufhörlich weiter im Gänsemarsch durch die hallenden Gänge, beäugt von Kindern und unfrisierten Frauen.

Baravino war mitten unter ihnen, und durch seinen Roboterhelm, der einen dichten Schatten auf seine umwölkten blauen Augen warf, war er von den anderen nicht zu unterscheiden, doch sein Geist war eine Beute trüber Gedanken. Feinde, hatte man ihm eingeschärft, Feinde der Polizisten und aller sonstigen Hüter der Ordnung verbargen sich in diesem Haus. Der Polizist Baravino schaute mit Entsetzen durch die halbgeöffneten Türen in die Räume – in jedem Schrank, hinter jedem Türpfosten konnten furchtbare Waffen versteckt sein; weshalb sonst sah jeder Hausbewohner, jedes Weib sie ängstlich und besorgt an? Wenn einer unter ihnen der Feind war, warum sollten es dann nicht alle sein? Hinter den Wänden des Treppenflurs polterten die Abfälle, die in die Müllschächte geworfen wurden, abwärts. Konnten das nicht Waffen sein, deren man sich rasch entledigen wollte?

Sie betraten ein niedriges Zimmer, in dem an einem rotkarierten gedeckten Tisch eine Familie gerade das Abendessen einnahm. Die Kinder schrien. Nur das jüngste, das auf den Knien seines Vaters saß, sah sie mit düsteren, feindseligen Augen ruhig an. „Hausdurchsuchungsbefehl", sagte der Wachtmeister und markierte ein Stillgestanden, so daß die bunten Kordeln auf seiner Brust zu tänzeln anfingen. „Heilige Jungfrau! Bei uns armen Leuten! Wo wir unser Leben lang ehrlich gewesen sind!" rief eine alte Frau aus und drückte beide Hände aufs Herz. Der Familienvater, im Wolltrikot, hatte ein breites, offenes Gesicht voll stacheliger Bartstoppeln, die sich schlecht rasieren ließen; er fütterte den Kleinsten mit dem Löffel. Zuerst musterte er sie mit einem schrägen, vielleicht sogar ironischen Blick, dann zuckte er mit den Schultern und achtete nur noch auf das Kind. Die Stube war voller Polizisten, man konnte sich gar nicht rühren. Der Wachtmeister gab nutzlose Befehle und behinderte die anderen, statt sie zu leiten. Baravino starrte furchtsam jedes Möbelstück, jeden Schrank an. Jener Mann im Trikot war also der Feind, und wenn er es bis zu diesem Augenblick nicht gewesen war, jetzt war er es gewiß, war es unwiderruflich geworden, da er sah, daß in den Schubfächern das Unterste zuoberst gekehrt wurde und daß man die Bilder der Madonna und der verstorbenen Verwandten von den Wänden riß. Und wenn er der Feind war, dann stak seine Wohnung voller Waffen: Jede Schublade der Kommode konnte zerlegte Maschinengewehre enthalten, die völlig intakt waren; wenn er die Fächer im Speiseschrank öffnete, dann richteten sich vielleicht aufgepflanzte Seitengewehre auf seine Brust; unter den Jacken, die am Kleiderständer hingen, baumelten möglicherweise Patronengurte, und jede Kasserolle, jeder Tiegel barg eine tückische Handgranate.

Baravino bewegte verlegen seine langen, dünnen Arme. In einem Schubfach klirrte es. Dolche? Nein, Besteck. In einer Mappe rumpelte es: Bomben? Nein, Bücher. Das Schlafzimmer war so vollgestopft, daß man sich nicht hindurchzwängen konnte: zwei Ehebetten, drei kleine Klappbetten, zwei Strohsäcke auf dem Fußboden. Und am anderen Ende des Raumes saß in einem Bettchen ein Kind, das Zahnschmerzen hatte und zu weinen begann. Schon wollte sich der Polizist zwischen den Betten einen Weg bahnen, um es zu beruhigen – aber wenn das Kind nun ein verborgenes Arsenal bewachte, wenn unter jenem Lager ein Mörser versteckt war?

Da Baravino umherschweifte, kam er gar nicht dazu, irgendwo zu stöbern. Er versuchte, eine Tür zu öffnen, sie gab nicht nach. Vielleicht die Kanone! Er stellte sie sich in der guten Stube aus seiner Kindheit vor: Eine Vase mit künstlichen Rosen ragte aus dem Feuerschlund, ein Spitzenbesatz hing über dem Schutzschild, und Tonfiguren standen in aller Unschuld auf dem Verschluß. Mit einemmal ging die Tür auf: Es war gar keine gute Stube, sondern nur eine Abstellkammer mit Stühlen, deren Rückenlehnen und Sitze aufgeschlitzt waren, und mit Kisten. Lauter Dynamit? Da! Baravino hatte auf dem Fußboden zwei Radspuren entdeckt; man hatte etwas aus Rädern aus der Kammer über einen engen Korridor weggeschleppt. Baravino folgte der Spur. Es war der Großvater, der sich in einem Krankenfahrstuhl fortbewegte, so rasch er konnte. Warum flüchtete der Greis? Vielleicht diente die Decke auf seinen Beinen dazu, ein Beil zu verbergen? Ich trete an ihn heran, und der Alte spaltet mir mit einem Hieb den Kopf! Doch nein, er wollte nur auf den Abort. Sollte dort das Geheimnis stecken? Baravino eilte den Laufgang entlang, aber da öffnete sich die Tür des Häuschens, und ein Mädchen mit einer roten Haarschleife und einer Katze im Arm kam heraus. Baravino fiel ein, daß man mit Kindern freundlich tun und ihnen Fragen stellen müsse. Er streckte eine Hand aus und wollte die Katze streicheln. „Schöne Mieze", sagte er. Die Katze schnellte vor, stieß beinahe gegen ihn. Es war eine magere, graue Katze, mit kurzem Haar und sehnigem Körper. Sie fauchte und bewegte sich in Sprüngen fort wie ein Hund. „Miez, Miez", versuchte Baravino schmeichelnd, als bestünde für ihn das Problem darin, sich mit dieser Katze anzufreunden. Aber die Katze dribbelte um ihn herum und entwich, wobei sie ihm böse Blicke zuwarf.

Baravino hastete den Gang entlang, bemüht, sie einzuholen. „Miez, Miez", rief er. Er gelangte in ein Zimmer, in dem zwei Mädchen an Nähmaschinen saßen. Auf dem Boden lagen Haufen von Stoffresten.

Waffen? fragte sich der Polizist und stieß mit dem Fuß zwischen die Schnipsel, die sich an den Schuh hefteten und ihn rosa und lila drapierten. Die Mädchen lachten.

Er ging einen Korridor und einen Treppenabsatz weiter. Die Katze schien manchmal auf ihn zu warten; war er aber nahe genug herangekommen, so hüpfte sie auf steifen Beinen weiter. Sie flüchtete auf einen anderen Laufgang. Ein Fahrrad, mit den Rädern nach oben, versperrte ihn; ein Männchen im Trainingsanzug suchte ein Loch in dem Schlauch, den es in eine Schüssel mit Wasser tauchte. Die Katze war bereits auf der anderen Seite. „Gestatten", sagte der Polizist. „Das ist es", bemerkte das Männchen und forderte ihn auf, selbst nachzusehen: Unzählige Bläschen stiegen von dem Gummi im Wasser auf. „Gestatten?" Sollte etwa alles vorbereitet gewesen sein, um ihm den Weg zu versperren oder um ihn gar über das Geländer zu stoßen?

Es gelang ihm vorbeizukommen. In einem Raum stand eine Pritsche, darauf lag ein junger Mann mit nacktem Oberkörper und rauchte; die Hände hatte er unter dem lockigen Kopf verschränkt. Eine verdächtige Miene. „Entschuldigen Sie, haben Sie hier eine Katze gesehen?" Das war ein guter Vorwand für einen Blick unter die Pritsche. Baravino streckte die Hand aus und erhielt einen Schnabelhieb. Ein Huhn schoß hervor, das ungeachtet der Verfügung des Magistrats heimlich in der Wohnung aufgezogen worden war.

Der junge Mann mit dem nackten Oberkörper

zuckte nicht einmal mit der Wimper, er blieb liegen und rauchte.

Einen Treppenabsatz weiter gelangte der Polizist in die Werkstatt eines bebrillten Hutmachers. „Hausdurchsuchung", sagte Baravino, und ein Stapel Hüte fiel um: Schlapphüte, Strohhüte, Zylinder, alles rollte über den Fußboden. Die Katze sprang hinter einem Vorhang hervor, spielte blitzschnell mit den Hüten und entfloh wieder. Baravino wußte nicht mehr, ob er auf die Katze wütend war oder ob er sich mit ihr anfreunden wollte.

Mitten in der Küche hockte mit hochgekrempelten Hosenbeinen ein Mann, der eine Postbotenmütze auf dem Kopf hatte, und nahm ein Fußbad. Kaum hatte er den Polizisten erblickt, da deutete er grinsend auf das Nebenzimmer. Baravino trat an die Tür.

„Hilfe!" schrie eine dicke Frau, die fast nackt war. Baravino stammelte verschämt: „Verzeihung." Der Briefträger grinste und schlug sich mit den Händen auf die Schenkel. Baravino verließ die Küche und kehrte auf die Terrasse zurück.

Die Terrasse war beflaggt mit Wäschestücken, die zum Trocknen aufgehängt waren. Der Polizist wandelte durch die fensterlosen weißen Korridore – ein ganzes Labyrinth von Bettwäsche. Die Katze tauchte dann und wann unter einem Zipfel auf und verschwand, platt an den Boden gedrückt, wieder unter einem anderen Wäschestück. Mit einemmal hatte Baravino Angst, sich verirrt zu haben; vielleicht war er abgeschnitten, seine Kameraden hatten die Gebäude längst geräumt, und er war ein Gefangener dieser

Menschen, die sich zu Recht beleidigt fühlten, ein Gefangener dieser schwappenden weißen Tücher. Schließlich fand er einen Durchschlupf und gelangte an einen kleinen Mauervorsprung. Darunter gähnte der Schlund des Hofes mit all den vielen Lichtern, die jetzt rings an den eisernen Laufgängen aufflammten. Und überall, treppauf, treppab, gewahrte Baravino – er wußte selbst nicht, ob mit Erleichterung oder mit Besorgnis – das Gewimmel der Polizisten und vernahm Befehle, die Entsetzensschreie, die Protestrufe.

Die Katze hatte sich neben ihn auf die Mauer gesetzt, bewegte den Schwanz und schaute gleichmütig nach unten. Doch als er sich rührte, sprang sie weg. Eine kleine Treppe führte hinauf zu einer Mansarde, und dort verschwand die Katze. Der Polizist folgte ihr. Er hatte keine Angst mehr. Die Mansarde war fast leer; draußen schien der Mond immer heller über den schwarzen Häusern. Baravino nahm den Helm ab. Da wurde sein Gesicht wieder menschlich, das hagere Gesicht eines blonden Jungen.

„Keinen Schritt weiter", rief eine Stimme, „oder ich schieße!"

Auf der Brüstung des großen Fensters kauerte ein junges Mädchen mit langem, bis auf die Schultern fallendem Haar, geschminkt, in Seidenstrümpfen, aber ohne Schuhe, und buchstabierte bei dem spärlichen Abendlicht die Zeitung, die mit vielen Bildern, aber nur wenigen Sätzen in Blockschrift bedruckt war.

„Eine Pistole?" fragte Baravino und packte sie am Handgelenk, als wollte er ihre Faust öffnen.

Kaum hatte sie den Arm bewegt, da öffnete sich die Strickjacke über der Brust, heraus sprang die zu einer Kugel zusammengerollte Katze, fuhr auf ihn, den Polizisten Baravino, zu und fauchte ihn an. Aber der Polizist hatte inzwischen begriffen, daß das nur ein Spiel war. Die Katze flüchtete über die Dächer, und Baravino, der an dem niedrigen Geländer lehnte, sah zu, wie sie frei und sicher über die Dachziegel lief.

„Und Mary erblickte neben ihrem Bett", las das Mädchen weiter, „den jungen Baron im Frack, der mit der Waffe auf sie zielte."

Ringsum, in den hohen Arbeiterhäusern, die einsamen Türmen glichen, flammten die Lichter auf. Der Polizist Baravino erblickte die gewaltige Stadt unter sich: Geometrische Eisenkonstruktionen ragten in den Fabrikhöfen auf, Wolkenfetzen huschten über die Schäfte der Schornsteine hinweg, quer über den Himmel.

„Wollen Sie meine Perlen, Sir Henry?" buchstabierte die verschnupfte Stimme beharrlich. „Nein, dich will ich, Mary."

Ein Windstoß fuhr herein, und Baravino sah plötzlich diese wirre Fläche aus Zement und Stahl gegen sich gerichtet; aus tausend Verstecken spießte das Stachelschwein seine Stacheln. Jetzt war er allein in Feindesland.

„Ich bin reich und elegant, ich wohne in einem prunkvollen Schloß, ich habe Diener und Juwelen, was kann ich mehr vom Leben verlangen?" sprach das Mädchen mit dem schwarzen Haar, das auf das

mit schlangengleichen Frauen und sieghaft lächeln-
den Männern bebilderte Blatt fiel.

Baravino vernahm das Trillern der Pfeifen und das
Brummen der Motoren – die Polizei verließ das
Grundstück. Er hätte sich unter die Wolkenketten am
Himmel verkriechen, hätte seine Pistole in einem tie-
fen Loch in der Erde vergraben mögen.

Der faule Kater

Soll der vielleicht aus seiner Ecke herauskommen, damit die kleinen Jungen den Faulpelz kennenlernen?

Ja so! Er lebt nicht mehr, daran dachte ich nicht. Nun, es schadet nicht, ich kann seine Lebensgeschichte dennoch erzählen, so wie ich sie von Anndortchen gehört habe; die hat ihn noch lebendig gekannt.

In dem Dorf, wo Anndortchen Gänsemädchen war, lebte auch ein reicher Bauer, der schlachtete viele Schweine und Gänse, und dann hing seine Diele und Speisekammer voll schöner Würste, Speck und Schinken; aber er hatte auch Mäuse im Haus, die glaubten, sie dürften nur dreist mitessen.

Das gefiel dem Bauer schlecht, und er sagte zu seiner Frau: „Höre, Lise, die Mäuse fressen uns Speck und Würste auf, wir müssen uns einen tüchtigen Kater anschaffen, der sie wegfängt. Laß uns zu Mutter Grete gehen, die am Ende des Dorfes wohnt, und bitten, daß sie uns ihren schwarzen Kater verkauft."

„Ja", antwortete Lise, „das wollen wir tun."

Sie gingen zusammen hin, und Mutter Grete war gleich bereit. Eigentlich schien sie sich zu freuen, daß sie das Tier los wurde.

Es war ein großer schwarzer Kater, mit großen gelben Augen; die funkelten im Dunkeln, als ob eine Gaslampe angezündet wäre. Darüber freute sich der Bauer, denn er war etwas geizig und dachte Licht zu sparen; ja, bei solchem Katerlicht muß sich's herrlich arbeiten lassen!

„Ach, Tante, das wäre doch komisch, wenn die Gaslampen einmal nicht mehr brennen wollten, und wir müßten alle Kateraugen zum Leuchten nehmen", sprach lachend die lustige Mathilde.

Leider hatte der geizige Bauer sich sehr betrogen. Der Kater war so faul, daß er sich nur zur Essenszeit rührte; die Mäuse, die sich furchtsam versteckt hatten, kamen bald wieder zum Vorschein, ja, sie durften dem Kater über sein glänzendes Fell laufen, er streckte aus reiner Faulheit auch nicht einmal die Krallen aus, um sie wegzufangen, und wenn er abends seine gelben Augen recht weit auftun und das Haus erleuchten sollte, machte er sie gerade fest zu, schnurrte wie ein Spinnrad und schlief die ganze Nacht; und kam Lise dann morgens in die Speisekammer, so hatten die Mäuse von allem genascht. Da ward der Bauer endlich böse, rief seinen großen Packan und ließ den Faulpelz fortjagen.

Nun stand er auf der Landstraße und wußte nicht, wohin! Überall war er bekannt, und niemand wollte das faule Tier aufnehmen. Langsam und verdrießlich schlich er in ein schönes großes Kornfeld, in dem die Mäuse zuweilen große Gesellschaften gaben, und gedachte sich dort gerade soviel zu fangen, um nicht zu verhungern. Aber die Mäuslein hatten die Geschichte gemerkt und die Gesellschaft abbestellt; und ob er auch die ganze Nacht auf der Lauer lag, kein einziges Mäuschen ließ sich sehen. Hungrig hatte er sich niedergelegt, hungrig stand er wieder auf.

Am Morgen kam Meister Fuchs des Weges gegangen und fand den Kater jämmerlich stöhnend liegen. „Ei, ei, Herr Murner", rief er ihm zu, „wie siehst du so verdrießlich aus, hast wohl lange keinen Braten gerochen?"

„Ach", antwortete Murner, „nichts gerochen, nichts gegessen, Schmerzen in allen Gliedern von der feuchten Nachtluft; ach, ich bin recht unglücklich!"

Herr Fuchs hatte gerade einen fetten Hasen erwischt und war daher in fröhlicher Laune. Er lud den Kater ein, ihn nach seiner Wohnung zu begleiten und mit einem freundschaftlichen Mittagessen bei ihm vorliebzunehmen. Natürlich nahm derselbe die Einladung mit Dank an und freute sich besonders, daß die Wohnung von Meister Fuchs ganz in der Nähe war und er seine faulen Beine nicht lange anzustrengen brauchte.

Frau Füchsin stand schon in der Tür und empfing den Gast sehr freundlich, die vier kleinen Fuchskinder sprangen um ihn herum und spielten mit seinem langen Schwanz, und endlich setzte die Gesellschaft sich fröhlich zu Tisch.

Aber ach, wie bereute der Fuchs, das faule, gefräßige Tier mitgenommen zu haben! Mit fürchterlicher Gier fiel der Kater über den Hasen her, und es blieb kaum etwas mehr als die Knochen für die freundlichen Wirte übrig.

Die kleinen Füchse, die großen Hunger hatten, schrien und heulten, und das jüngste Füchschen, des Papas Liebling, zerrte den Kater am dicken Schwanz, als er das letzte Stück Braten verzehren wollte.

Ärgerlich, dabei gestört zu werden, drehte er sich kurz um und biß das zarte Fuchskind tot. Aber nun war's auch um ihn geschehen!

Wütend sprangen Fuchs und Füchsin auf, packten den Kater, und in einem Augenblick hatten sie ihn mausetot gemacht.

Frau Füchsin schleppte ihn in die Küche, bereitete ein leckeres Essen daraus, und zum zweiten Male setzte die liebe Familie sich zu Tisch und verzehrte mit dem besten Appetit den gebratenen Kater.

„Aber Tante, was machten sie denn mit dem kleinen Fuchskind, das der faule Kater totgebissen hatte?" fragte Georg.

„Mit dem? Ja Herzchen, daß weiß ich wirklich nicht, das hat Anndortchen mir auch nicht gesagt. Hat meine Katzengeschichte euch denn gefallen, ihr jüngsten Kinder?"

„Ja, die war lustig, aber nur zu kurz."

„Zu den langen Geschichten gehört zuviel Zeit, und da kommen meine großen Mädchen schon wieder heran und wollen betteln, ich sehe es ihnen an, es soll die Geschichte sein."

Horst M. Lampe

Kindheit in der Stadt

Meine Vergangenheit liegt im dunkeln, meine Gegenwart ist hell und freundlich, und für die Zukunft verspricht mir Ma den Katzenhimmel auf Erden.

Ma ist eigentlich keine richtige Katze, aber als Mutterersatz das Beste, was einem wenige Wochen alten Katzenbaby passieren kann. Denn wer in geordneten Verhältnissen aufwächst, hat von vornherein die besseren Chancen im Leben.

Ma, die natürlich einen viel längeren Namen hat, den keine Katze aussprechen kann, hatte mich unter einem Busch entdeckt und mitgenommen. Der milchgetränkte Lappen, den sie mir bald darauf zu meiner Lebensrettung in den Mund steckte, war zwar zu heiß und auch ein bißchen zu groß, aber meine Retterin lernte schnell.

Inzwischen erfolgt meine Ernährung schmerzlos, und wir haben beide viel Freude damit. Ma versteht mich und reagiert auf die Zeichen meiner kleinen Wünsche. Sie bringt die Milch auf die richtige Temperatur, kostet meinen Brei, ob er auch gut genug für mich ist, und teilt köstliche Kleinigkeiten von ihrem Teller mit mir, obwohl sie mir gleichzeitig versichert, daß sie nicht gesund seien für junge Katzen.

Zu meiner Entspannung hat sie mir ein Körbchen eingerichtet, in dem ich mich tagsüber ausruhe. (Nachts ziehe ich Mas Bettdecke vor.) Am Anfang war das Körbchen mit Watte ausgelegt. Aber die kitzelte mich in der Nase, und obwohl Ma es besonders putzig fand, wenn ich niesen mußte, sah sie bald ein, daß es wohl doch nicht die ideale Unterlage war. Leider war das nachfolgende Stück Stoff frisch gewaschen und roch nicht mehr nach meiner Freundin, die es vorher getragen hatte.

Trotzdem fühlte ich mich in meinem Körbchen geborgen. Man kann sich darin zusammenrollen, wenn man satt ist, und der nächsten Mahlzeit entgegenschlummern. Hat man sein tägliches Spielpensum hinter sich gebracht, klettert man hinein und träumt von Wollfäden, Garnrollen und kraulenden Fingern. Wenn man dann aufwacht, wird man hochgehoben, gedrückt und gestreichelt und lernt dabei das Schnurren. Selbst der anschließende Gang auf das Kästchen mit frischem Streu ist eher aufbauend, wird man doch belobigt und erneut gehätschelt, weil man so schnell begriffen hat, worauf's ankommt.

Manchmal wird das Körbchen auch auf den Tisch gestellt, damit ich näher bei meiner Freundin bin. Was nicht ganz ohne Zwischenfälle abgeht. Denn dann und wann ist mir's nach Aussteigen. Katzen, die noch nicht ganz sicher auf den eigenen Pfoten sind, müssen aber erst lernen, wie sie sich auf Tischen zu bewegen haben – vor allem dann, wenn sie gedeckt sind und Besuch erwartet wird.

Wer es uns erlaubt, ohne daß wir es geübt haben, weil so ein süßes Ding zwischen Porzellan, Glas und Kristall besonders dekorativ wirkt, darf sich hinterher nicht beschweren. Wobei es nicht nur um die superfeinen Haare geht, die zuweilen dort landen, wo sie höchstens von echten Katzenliebhabern toleriert werden. Schwerer wiegen die Scherben, die das Ergebnis eines derartigen Spaziergangs sein können. Warum mußte die Wohnungsklingel auch gerade zur falschen Zeit schrillen und mich erschrecken. In der Entwicklung befindliche, ihre technisierte Umgebung nicht gewohnte Katzen paniken dann leicht und vergrößern ungewollt den Schaden, wenn sie mit zwei, drei großen Sätzen Deckung unterm Sofa suchen.

Der Schreckensschrei meiner Freundin klang mir noch in den Ohren, als sie sich längst beruhigt hatte und mit Hilfe ihres Gastes die Trümmer wegräumte, ohne sich um mich zu kümmern, die ich am ganzen Leib zitternd dringend der Tröstung bedurfte.

*

Wer in unserer Gegenwart abfällig von uns spricht, weil er zu unsensibel ist, uns mit Takt zu begegnen, wer uns nicht für intelligent genug hält, um ablehnende Kritik zu spüren, zeigt damit nur, wie sehr sein eigener Instinkt verkümmert ist. Wohl sind wir nicht wie Hunde, die sich für jede Anerkennung gleich mit Händelecken, Gesichtküssen, Schwanzwedeln und Freudengebell bedanken. Eine Katze ist dazu zu introvertiert.

Wir wissen jedoch genau, wann wir gefallen oder wenn jemand nichts für uns übrig hat. Treffen wir auf einen Katzenfeind – egal ob Mensch, Hund oder selbst Katze –, empfinden wir seine Abneigung als

Alarm, der uns buckeln macht und die Rückenhaare stellen läßt. Wo es bei verbalen Attacken bleibt, ziehen wir uns einfach zurück.

Dagegen wirkt spontanes Interesse fast immer auf uns anziehend. Selbst wenn wir uns nicht gleich am Fell des anderen reiben oder gar (falls es sich um einen Menschen handelt) auf seinen Schoß springen, bekunden wir doch durch allerlei direkte Zeichen unsere Sympathie. Wenn sich unsereins hinsetzt, den Schnurrbart putzt, sich streckt, auf dem Boden wälzt, oder sich streicheln läßt, bedeutet das immer: Wir haben verstanden, daß man uns mag. –

„Wo steckt sie denn, deine gepriesene weiße Schönheit?" fragte der Gast. „Hat wohl ein schlechtes Gewissen gekriegt, nachdem sie den Tisch abgeräumt hat!"

„Katzen haben kein schlechtes Gewissen", antwortete Ma. „Sie ist wahrscheinlich nur erschrocken. – Ach du meine Güte, Karlchen. Vor lauter Ärger hab' ich sie einen Augenblick lang doch tatsächlich vergessen!" Und weil diejenige, die genügend Zeit gehabt hatte, sich in meine Psyche hineinzudenken, nach Rückkehr ihres Verantwortungsgefühls sofort in der richtigen Richtung suchte, holte sie mich unmittelbar darauf aus meinem Zufluchtsort. Nicht ohne mich zuvor umzudrehen, weil sie mich sonst am hinteren Ende hätte ziehen müssen, was keiner Katze recht ist. Als sie mich vorschriftsmäßig mit beiden Händen ihrem Artgenossen entgegenhielt, den sie Karlchen nannte, vergaß ich augenblicklich meine Enttäuschung über die ungewohnte Vernachlässigung und schnurrte spontan dem Gast entgegen. Was sich ungeheuer positiv auswirken sollte. Denn Karlchen nahm das glühende Ding aus dem Mund, aus dem übelriechender Qualm kam, und ließ ein anerkennendes „Donnerwetter!" hören.

Ich wurde von allen Seiten besichtigt, ohne am Genick gepackt zu werden, und anschließend mit dem Kommentar „Es stimmt, Madeleine, sie scheint tatsächlich etwas Besonderes zu sein" sorgfältig dorthin gesetzt, wo ich vor einer Weile die Übersicht verloren hatte. Dort betrachtete mich der Mensch Karlchen weiterhin bewundernd und meinte am Ende: „Du, ich hab' eine Idee. Weiße Katzen, die wie Porzellanfiguren wirken, sind selten. Dazu diese glänzend blauen Augen und die dunkle Zeichnung auf der Stirn! Das ideale Modell! Ich werde mit unserem Artdirector reden. Unsere Agentur hat einen neuen Kunden – eine Porzellanmanufaktur. Es geht um die Einführung einer exklusiven Serie. Wir werden sie Cleopatra nennen, und deine Katze könnte die Symbolfigur werden."

„Du bist verrückt", sagte Ma. „Das ist wieder einer von deinen närrischen Einfällen. Kein normaler Mensch wird dir die Idee abkaufen."

„Laß mich nur machen", lachte Karlchen. „Sieh doch selbst, wie edel Cleopatra zwischen deinem Tafelgeschirr aussieht. Wenn sie so ruhig dasitzt, glaubt man, sie wäre ein Teil davon."

„Wahrscheinlich hat sie Angst vor neuen Scherben und rührt sich deshalb nicht von der Stelle", vermutete Ma, die mich besser kannte. Dann hob sie mich mit spitzen Fingern aus der Dekoration. „Übrigens hat sie noch gar keinen Namen."

„Jetzt hat sie einen", behauptete Karlchen. „So edel, wie sie aussieht, kann sie nur Cleopatra heißen." Worauf er mich schwungvoll auf seine Schulter hievte. Ich hätte mich dort sogar recht wohl gefühlt, denn Katzen sitzen gern erhöht. Leider steckte er sich wieder das glühende Ding ins Gesicht, und der Qualm vertrieb mich von meinem Aussichtspunkt. Da unsereins aber schon in der Anfangszeit ziemlich scharfe Nägel hat, hinterließ ich beim Abstoßen ein paar ungewollte Spuren.

„Stopf doch endlich deine Pfeife in die Tasche", forderte Ma. „Du konntest dir denken, daß sie den Rauch nicht mag. Außerdem ist mir der Name zu hochtrabend – mit und ohne Werbung."

„Dann kürz ihn doch ab", empfahl Karlchen. „Ruf deine Schönheit Cleo."

„Cleo?" dachte Karlchens Madeleine laut nach. „Damit könnten wir beide leben."

Karlchen hielt sein Versprechen. Ein paar Tage später trug er mich samt Körbchen aus der Wohnung, nachdem sich Ma von mir verabschiedet hatte, als sei es für immer. „Paß auf, daß nichts passiert und daß sie nicht wegläuft!" rief sie uns nach, als mein Manager mit mir enteilte, als hätte er Angst, Ma könnte es sich noch anders überlegen.

Da es mein erster Ausflug ins Unbekannte war, dachte ich allerdings nicht daran, das Körbchen zu verlassen. Ich kroch so tief wie möglich zwischen meine Pfoten, bis die Luftreise beendet war und mein

Träger mich neben sich absetzte. Daß ich meinen Zufluchtsort dann doch verließ, lag nicht an meinem erwachenden Interesse an der Umgebung, sondern an dem plötzlichen Ruck, der mein mobiles Bett umkippen ließ und mich hinausschüttete.

„Ach so, du bist ja noch nie Auto gefahren", erinnerte sich derjenige, der mich in die Situation gebracht hatte. „Wirst dich schon dran gewöhnen." Im Augenblick war ich allerdings damit beschäftigt, die Balance zu halten. Denn wenn der Boden schwankt und der Untergrund sich ständig in eine andere Richtung bewegt, als man erwartet, fühlt man sich wie das Wollknäuel, mit dem man sonst spielt. Trotzdem auf den Beinen zu bleiben verlangt dann volle Konzentration.

Karlchen, dem ich ausgeliefert war, schien auch gar nicht zu erwarten, daß ich antwortete. Ich hatte sowieso längst festgestellt, daß man in solchen Fällen von mir nur aufmerksames Schweigen erwartete oder höchstens ein zustimmendes Miau. Jetzt konnte sich mein Begleiter ohnehin nicht mit mir abgeben, weil er vollauf damit zu tun hatte, uns mit einem gewaltigen Schlenker zur Seite zu schleudern. Eine Aktion, die er mit dem Ausruf „Du Rindviech!" kommentierte. Womit er gewiß nicht die kleine Katze an seiner Seite meinte, die sich zuletzt an der Lehne hochgeangelt hatte und neuerlich abgestürzt war.

„Manchen sollte man den Führerschein wegnehmen und ihm einen Tretroller in die Hand drücken", schimpfte Karlchen, holte mich zwischen seinen Füßen hervor und klemmte mich zwischen die Beine.

„Hier bleibst du. Anschnallen geht nicht. Wir sind außerdem gleich da." Ein Versprechen, das ein bißchen spät kam. Und wenn mir auch nicht richtig schlecht wurde, so blieb doch die Schaukelei nicht ohne Wirkung.

Daß der Leidtragende deswegen nicht böse wurde, sondern erst einmal an einen ähnlichen Ort eilte, an dem auch zu Hause mein Streukästchen stand, fand meine volle Zustimmung. Zwar hätte er sich damit begnügen können, sich selbst abzuwischen. Denn Katzen putzen sich allein. Aber woher sollte Karlchen das wissen. Er hatte ja noch wenig Erfahrung. Die sammelte er in der folgenden Zeit auf andere Weise. Im Studio zeigte er mich stolz seinesgleichen und nannte mich seine Porzellankatze. Daß mich das ständige Herumreichen nervös machte, schien er nicht zu bemerken. So verschwand ich bei der ersten sich bietenden Gelegenheit unter einem Schrank, um mich zu erholen. Käse und Wurst, mit denen man mich hervorlocken wollte, verfehlten ihre Wirkung. Selbst ein Tellerchen mit Schlagsahne interessierte mich nicht. Wer nervös ist und einen unruhigen Magen hat, findet daran keinen Gefallen.

„Laß uns doch einfach den Schrank verrücken", schlug jemand vor. Aber Karlchen lehnte ab. Ich könnte dabei zu Schaden kommen. Statt dessen legte er sich auf den Boden und begann, auf der selben Ebene mit mir zu verhandeln. Und nachdem er mir die Hand entgegengestreckt und ich hineingebissen hatte, tat er mir leid und ich ihm den Gefallen, wieder zu erscheinen. Anscheinend hatte ich damit etwas

Großartiges getan. Die Gesellschaft klatschte begeistert in die Hände und bestätigte ein übers andere Mal, was für eine brave Katze ich sei.

In dieser Stimmung forderten sie mich zum Arbeiten auf. Sie setzten mich zwischen die Dekoration, für die ich werben sollte. Und da ich schnell herausgefunden hatte, daß es sich um ungenießbare Attrappen handelte, die auf den Tellern und in den Schüsseln mit meinem Namen lagen, wurde ich auch nicht abgelenkt und hielt still. Daß hinter mir dauernd Wände verschoben und Bäume gepflanzt wurden, störte mich nicht. Mehr schon, daß Karlchen um mich herumlief und dabei Blitze auf mich losließ, die mich blendeten. Seine Erklärung, das seien Schnappschüsse, die zu einer Fotoscrie gehörten, hielt mich nicht davon ab, die Arbeit zu unterbrechen und mein Körbchen aufzusuchen.

Wenn sie nur nicht so hartnäckig gewesen wären! Anscheinend gönnten sie mir die kleine Pause nicht. Sie holten mich an meinen Arbeitsplatz zurück und wollten mich dort festhalten. Als ihnen das nicht so gut bekam, begingen sie einen weiteren Fehler. Sie zogen Handschuhe an und glaubten wohl, damit ausreichend geschützt zu sein. Eine Katze, die man zu etwas zwingen will, wird jedoch zum Berserker.

Selbst Karlchen, der beruhigend auf mich einredete, ohne mich in den kritischen Momenten anzufassen, konnte mich erst nach längerer Zeit überreden, dort weiterzumachen, wo ich aufgehört hatte. Sicher half, daß ich jetzt ein wenig mehr Platz hatte, weil die zu Bruch gegangenen Teile fehlten. Außerdem hatte die Blitzerei aufgehört. Mehrere Sonnen waren aufgegangen, machten das Studio taghell und wärmten mein Fell, was besänftigend wirkte. So kam doch noch „brauchbares Cleopatra-Material" zustande, wie Karlchen Ma später berichtete.

Daß aus der Sache dann doch nichts wurde, lag sicher nicht an mir, sondern daran, daß der Werbeleiter der Porzellanmanufaktur ein ausgesprochener Hundefreund war und mit Katzen nichts im Sinn hatte. Ma und mir war's recht so. Nur Karlchen gab nicht auf. Er hatte schon eine neue Idee. Irgendeinem Kunden werde er mich schon verkaufen. Als Verkörperung von Anschmiegsamkeit und flaumweicher Sanftheit.

Jella Lepman

Der Katzenfischzug

Diese Geschichte hat mir die Katze Minette aus der „Gazette des Chats", der Katzenzeitung, vorgelesen, und sie hat mir so gut gefallen, daß ich sie euch heute erzählen will.

In einem kleinen Städtchen in der Bretagne, an der französischen Küste, lebte vor gar nicht so langer Zeit ein Fischhändler. Sein Laden lag auf dem Marktplatz, es war ein großer und schöner Laden, so wie es sich für einen Fischhändler in der Bretagne gehörte. Denn nirgends gibt es so herrliche Fische wie in der Bretagne, und nirgends verstehen es die Frauen besser, sie zu kochen und zu braten und mit duftenden Saucen zu begießen.

Auf den weißen Marmortischen im Laden des Fischhändlers lagen die Fische ausgebreitet, und ihre Schuppen glitzerten in der Sonne. Es gab große und kleine, platte und runde und einige, die wie Schlangen aussahen, so daß die Kinder sich ein wenig vor ihnen fürchteten.

An der Ladenkasse aber saß der dicke Fischhändler und kassierte das Geld ein. Jedesmal, wenn ein Kunde bezahlte, gab die Kasse ein vergnügtes Glockenzeichen:

> Kling, kling, rollt das Geld,
> Und das Geld regiert die Welt.

Leider aber war der Fischhändler ein richtiger Geizhals, der alles für sich behalten wollte. Er sperrte das Geld in einen riesigen Schrank, stellte sich am Abend davor und rieb sich die Hände. Auch nicht den kleinsten Fisch steckte er einem alten Weiblein als Dreingabe in den Korb, sogar die Fischköpfe verkaufte er an die Händler, die Leim daraus machten.

Wie es den armen Katzen im Städtchen erging, das könnt ihr euch gewiß vorstellen. Sehnsüchtig schlichen sie um den Laden des Fischhändlers und ließen sich den Fischgeruch um ihre Nasen streichen, aber das nützte ihnen wenig. Traute sich eine von ihnen nur einmal über die Schwelle des Ladens, so versetzte ihr der Fischhändler mit seinen doppelt gesohlten Stiefeln einen Tritt, daß ihr Hören und Sehen verging.

Dies alles ärgerte die Bewohner des Städtchens nicht wenig, aber weil es nur diesen einzigen Fischladen gab, mußten sie wohl oder übel immer wieder dort einkaufen.

Eines Tages nun kam ein Dieb in das Städtchen, ganz heimlich, so wie Diebe dies tun. Er schnüffelte im Städtchen umher, um zu sehen, wo wohl am meisten etwas zu holen sei, und zuletzt beschloß er, dem Laden des Fischhändlers einen nächtlichen Besuch abzustatten.

Wohl ausgerüstet mit Brecheisen, Glasschneider und Feile schlich er sich in einer Nacht, in welcher der Mond sich hinter den Wolken verbarg, zum Haus des Fischhändlers und schnitt mit flinken Händen ein viereckiges Glasstück aus dem Schaufenster heraus, groß genug, um ihm einen Durchschlupf zu gewähren. Dann knackte er den Geldschrank auf und nahm sich den prall gefüllten Geldsack heraus, der dort aufbewahrt war. Ehe man sich's versah, war er – husch – schon wieder verschwunden.

Aber jemand hatte ihn doch gesehen, und das war des Bäckermeisters schwarzer Kater, der gerade auf Mäusejagd ausgegangen war. Was ihm da plötzlich in die Nase stieg, das war etwas ganz anderes als Mäusegeruch: der Geruch von frischem Hering und Schellfisch und was es sonst noch an Köstlichkeiten in einem Fischladen gibt. Und mit seinen Katzenaugen, die auch im Dunkeln sehen können, gewahrte er plötzlich das Loch in der Schaufensterscheibe. Im Katzengalopp lief er durch die Hauptstraße und rief:

„Miau, ich lad' euch alle ein,
Beim Fischhändler mein Gast zu sein."

Und schon huschten aus allen Gäßchen und Winkeln und über die dunklen Stiegen und Plätze große und kleine, schwarze und weiße, graue und getigerte Katzen und Kätzchen herbei. Bald war es ein langer Zug, der sich auf lautlosen Pfoten zum Haus des Fischhändlers hinbewegte. Und dann – hast du wohl gesehen – ging's durch die Glasluke hinein in den Laden und auf die Marmortische und in die Verkaufsstände und sogar in den Kühlschrank, denn der Dieb hatte ihn zuerst mit dem Geldschrank verwechselt und offengelassen. Das war ein Schmatzen und Schnappen, ein Schlucken und Schlurfen – ein Katzenfestschmaus von ganz einziger Art. Sogar Krebse und Hummer fehlten nicht, von denen die Katzen bisher höchstens in Gutenachtgeschichten gehört hatten. So vollgefressen waren sie am Ende, daß sie sich nur noch auf allen vieren zu einem ausgiebigen Verdauungsschlaf ausstrecken konnten.

Und so fand sie der Fischhändler am Morgen, und seine Wut läßt sich kaum beschreiben. Aber ehe er noch mit seinen doppelt gesohlten Stiefeln nach allen Seiten ausschlagen konnte, waren die Katzen auf und davon. Nicht ohne dem Fischhändler noch ein paar ordentliche Krallenhiebe und Kratzer zu versetzen, denn dieses Mal waren sie in der Übermacht.

Ja, da stand der Fischhändler nun, ohne seinen Geldsack und ohne Fische und um ihn herum die Bewohner des Städtchens, die voller Schadenfreude lachten! Das muß ein Anblick gewesen sein, und Minette, die mir die ganze Geschichte aus der „Gazette des Chats" vorlas, miaute in Erinnerung so lustig, daß ich am liebsten mit miaut hätte.

Ukrainisches Volksmärchen

Vom Kater, vom Hahn
und von der Sense

Es waren einmal drei Brüder. Martin, der älteste von ihnen, hatte vom Vater eine Sense geerbt, der mittlere, der auf den Namen Matej hörte, hatte einen Hahn bekommen, und der jüngste, der den Namen Michael trug, hatte als Erbstück einen Kater erhalten.

Sie lebten alle drei zusammen in einer armseligen Hütte, und diese sowie die drei Erbstücke waren ihr gesamtes Hab und Gut. Eines Morgens sagte Martin: „Liebe Brüder, wir können nicht länger alle drei so daheim sitzen. Der karge Verdienst, den wir für unsere Hände Arbeit auf den Feldern von den wohlhabenden Bauern bekommen, reicht auf die Dauer nicht aus, wenn wir nicht des Hungers sterben wollen. Ihr beiden bleibt also zu Hause, ich als der Älteste aber will mit meiner Sense in die Welt ziehen und mein Glück versuchen."

Die Brüder liebten einander sehr, und was der eine wollte, war auch der Wunsch der anderen. Darum widersprach keiner, und sie ließen ihn davongehen. Martin nahm die Sense über die Schulter und zog los.

Er wanderte lange und weit, versuchte dies und das, aber es wollte sich keine Arbeit für ihn finden. Eines Tages schließlich erreichte er ein Land, von dem gesagt wurde, daß die Leute, die dort lebten, besonders einfältig seien. Als er näher zu einer größeren Stadt kam, trat ihm ein Mann in den Weg, der zuerst mal voller Neugier die Sense von allen Seiten betrachtete und dann zu wissen begehrte, was das denn sei, was Martin auf der Schulter trage.

„Eine Sense ist das!" antwortete Martin.

„Was ist das für ein Ding, und wozu nutzt es?"

„Zum Grasmähen!" erwiderte Martin.

„Sie beißt das Gras?" rief der einfältige Mann. „Das ist doch ein erstaunliches Ding: Wir müssen das Gras mit unseren bloßen Händen rupfen, und das macht uns große Mühe. Wenn Ihr mit mir zu unserem König kommen wollt, dann bin ich gewiß, daß dieser Euch für Euren Grasbeißer ein gutes Stück Geld zahlen wird!"

„Warum nicht?" sagte Martin. „Laßt uns hingehen!"

Der König war baß erstaunt, als er das auch ihm völlig unbekannte Werkzeug sah, und er befahl Martin, sogleich auf die königlichen Wiesen zu gehen und dort alles Gras von dem Wunderdinge auffressen zu lassen. Rasch begab sich Martin dahin, und eine ganze Schar von Neugierigen folgte ihm. Der Bauernsohn aber war nicht auf den Kopf gefallen – er stieß den Schaft der Sense in die Erde hinein, rief einen königlichen Diener herbei, befahl diesem, zur Mittagsstunde Essen für zwei zu bringen, und trieb anschließend alle Zuschauer von der Wiese. Dann machte er sich an die Arbeit. Als der Diener die dampfenden Schüsseln brachte, wollte er seinen Augen nicht trauen, als er sah, welch ansehnlicher Teil der Wiese schon abgemäht war.

„Wird denn Euer Grasbeißer auch essen?" fragte er.

„Wer arbeitet, muß essen!" kam die Antwort. „Doch geht nun mit Gott, und laßt uns hier allein!"

Der Diener entfernte sich, und Martin ließ sich die beiden Essensportionen gut schmecken.

„Was für eine glänzende Idee ist's doch gewesen, daß ich Speisen für zwei verlangt habe!" sagte er sich und wischte sich den Mund.

Am nächsten Tag wiederholte sich das gleiche Spiel und am dritten und vierten ebenfalls. Nachdem Martin alle königlichen Wiesen gemäht hatte, schulterte er seine Sense und ging zum König, um sein Geld zu fordern.

„Beißt dein Grasbeißer das Gras denn ganz alleine und ohne jede Hilfe?" fragte der König.

„Jawohl, königliche Hoheit, ganz allein!" antwortete der Schlaukopf.

„Würdest du ihn uns für tausend Gulden verkaufen?"

„Er hat zwar einen größeren Wert, aber ich will mich mit dieser Summe zufriedengeben", antwortete Martin. Er nahm die Sense von der Schulter, legte sie zu Füßen des Königs nieder, nahm das Geld in Empfang und eilte freudig nach Hause.

Der König aber ordnete daraufhin an, das Wunderding in sein schönstes Gemach zu stellen, damit ihm auch ja nicht irgendein Leid geschehe.

Ein neues Jahr brach an. Das Gras wuchs wieder, und abermals kam die Zeit, es zu mähen. Da befahl der König, den Grasbeißer auf die Wiese zu tragen. Unter großem Jubel und Glockengeläute wurde sein Befehl ausgeführt und die Sense vorsichtig aus dem

Schlosse herausgetragen, in der Mitte der Wiese aufgestellt und allein gelassen. Die guten Leute glaubten, der Grasbeißer liebe es nicht, wenn man ihm bei seiner Arbeit zusah. Die Mittagsstunde, um die der Sense ein köstliches Mahl gebracht werden sollte, konnten die Diener kaum erwarten, so neugierig waren sie zu sehen, wie weit das Wunderding mit seiner Arbeit nun wohl gekommen wäre. Sie waren höchst erstaunt, als sie die Sense genau dort stehen sahen, wo sie sie in aller Herrgottsfrühe aufgestellt hatten. Sie legten Teller und Schüsseln nieder und rannten eiligst zum König.

„Wie ist denn so was bloß möglich? Sie hat doch damals gleich am allerersten Tage gute Arbeit getan!" überlegte der König und schüttelte sorgenvoll seinen Kopf. „Warum will sie denn nicht beißen?"

Am Abend kamen die Diener abermals und berichteten, daß der Grasbeißer weder seine Arbeit verrichtet noch seine Mahlzeit berührt habe.

„Ganz sicher ist das Ding verzaubert!" rief da der König. „Laßt es die Prügelstrafe erleiden, und verabreicht ihm zwanzig kräftige Hiebe. Wenn es aber auch dann noch die Arbeit verweigert, soll es in die Erde vergraben werden!"

Feierlich wurde nun eine Bank auf die Wiese getragen, die Sense darauf gelegt, und der Scherge versetzte ihr zwanzig tüchtige Hiebe. Nach jedem Schlag sprang die Sense in die Höhe, als ob ihr die Hiebe sehr weh täten, und kratzte dabei jedesmal einem der neugierigen Gaffer Nase und Wangen wund.

„Es ist verzaubert!" riefen die Umstehenden. „Vergrabt das Unding tief unter die Erde, damit es niemandem mehr was zuleide tun kann!"

So also wanderte die Sense in ein tiefes und dunkles Grab – die törichten Leute aber rissen weiter das Gras mit bloßen Händen aus.

Inzwischen ließen sich's die Brüder gutgehen und lobten ihren verstorbenen Vater, der ihnen ein so einträgliches Erbe hinterlassen hatte. Aber als nach einiger Zeit das Geld zu Ende ging, sagte Matej: „Nun will ich mit meinem Hahn in die Welt gehen und mich etwas umschauen. Mag sein – vielleicht ist auch mir das Glück hold!"

„Geh nur ausreichend weit von hier, wo die Leute noch einfältig sind!" riet ihm Martin.

Matej nahm seinen Hahn unter den Arm und zog los.

Als er zu einer Stadt kam, begegnete er einem fremden Manne, der ihn fragte: „Was tragt Ihr da?"

„Einen Hahn", antwortete Matej.

„Wir haben noch nie einen solchen Vogel hier gesehen, wozu nutzt er?" wollte der Fremde wissen.

„Er ruft den Tag herbei", sagte Matej.

„Was für ein wunderbarer Vogel! Wir alle, die wir hier in der Stadt wohnen, geleiten den Tag bis hinter jene fernen Hügel und müssen den neuen Tag wiederum von der anderen Seite herbeiholen. Das verursacht uns natürlich allerlei Unbehagen, besonders im Winter! Wenn Euer Hahn wirklich diese wunderbare Eigenschaft besitzt, von der Ihr da redet, dann wird unser König gewiß viel Geld für ihn geben!"

„Ihr könnt Euch selber davon überzeugen, ob ich

die Wahrheit gesprochen habe!" rief Matej und ließ sich von dem Bürger der Stadt zum König führen.

„Gnädiger König", rief der Mann, als sie vor dem Throne standen, „hier dieser Fremdling besitzt ein gar seltsames Tier, das die wunderbare Gabe hat, den Tag herbeizurufen. Doch wenn es auf den Abend hin müde wird und zur Ruhe geht, dann geht auch der Tag zur Neige."

„Ich kann deinen Worten nicht Glauben schenken, wenn dein Bericht aber auf Wahrheit beruht, wäre dies ein sehr wertvolles Tier und mit Geld nicht zu bezahlen!" rief der König ungläubig.

„So überzeugt Euch selbst!" fiel nun Matej in die Rede.

Ein goldener Käfig wurde gebracht und der Hahn vorsichtig hineingesetzt, und da ihm seine neue Behausung gefiel, fühlte er sich bald heimisch darin.

Es dauerte nicht lange, und das Tageslicht erlosch, ohne daß es jemand hinter die Berge geleitet hätte. Der König war voller Ungeduld und konnte die Morgenstunde kaum erwarten. Schon um Mitternacht war im Schlosse alles auf den Beinen, um nur ja nichts zu versäumen und um zu sehen, auf welche Weise der neue Tag von dem Hahn herbeigerufen wird.

Die Turmuhr schlug die erste Stunde nach Mitternacht, nichts rührte sich. Als die Uhr aber die zweite Stunde verkündete – begann der Hahn zu krähen. Im Schlosse versammelte sich alles um den Käfig, um die merkwürdigen Töne zu hören, die der Vogel ausstieß. Als es drei schlug, krähte der Hahn von neuem und krähte nun weiter zu jeder Stunde, bis das volle

Tageslicht in die Fenster einströmte und der neue Tag hereingebrochen war. Da sah der König, daß der Bauernjunge die Wahrheit gesagt hatte, und er befahl seinem Schatzmeister, ihm fünftausend Golddukaten auszuzahlen. Dann wurde noch ein großes Fest gefeiert und Matej bis vor die Tore der Stadt begleitet.

Zu Hause wurde er freudig von seinen beiden Brüdern begrüßt, und weil sie nun Geld in Hülle und Fülle hatten, ließen sie sich's gutgehen. Doch nichts dauert ewig – und so ging auch diesmal wieder der Geldvorrat zu Ende. Als im Geldbeutel nur noch wenige Goldstücke verblieben waren, sagte der jüngste Bruder: „Nun, meine Brüder, will auch ich in die Welt ziehen und mich nach meinem Glücke umschauen. Vielleicht wird mir mein Kater dazu helfen können!"

Abermals warnten ihn die Brüder, nur ausreichend weit zu gehen, dorthin, wo die Leute noch unerfahren und einfältig wären. Michael steckte den Kater in einen Sack, umarmte seine Brüder und verließ das Haus. Er wanderte lange, bis er in ein Land kam, wo die Leute eine ihm unverständliche Sprache hatten. Er hörte aufmerksam zu, und bevor er noch die Hauptstadt erreicht hatte, konnte er sich ein wenig mit den Einwohnern verständigen. Vor den Toren der Stadt wurde er von einem Manne angehalten, der wissen wollte, was er denn in seinem Sack bei sich trage.

„Einen Kater!" antwortete Michael.

„Welch merkwürdiges Tier, was kann es denn?" fragte der Mann.

„Mein Kater kann Mäuse fangen. Wenn Euer Haus

auch voll von Mäusen wäre, mein Kater würde ihnen allen den Garaus machen!"

„Oh, steckt doch Euren Mäusefänger zurück in den Sack, damit ihm nichts geschehen möge, und folgt mir zu unserem Könige!" bat der Mann. „Wir haben im Schlosse derart viele Mäuse, daß wir nicht mehr aus noch ein wissen. Der König wird sicher den, der ihn von dieser Plage befreit, reichlich belohnen!"

„Ich kann ihm leicht helfen!" rief Michael, steckte den Kater in den Sack und eilte dem Manne nach.

Als sie vor dem König standen, sagte der Mann: „Gnädiger König, hier bringe ich Euch einen Fremdling, der ein ganz seltenes Tier besitzt – einen Mäusefänger! Er ist bereit, ihn an Euch zu verkaufen, falls ihr das wünscht!"

„Wenn er die Wahrheit spricht und das Tier tatsächlich Mäuse fangen kann, will ich es gerne kaufen."

„Sagt mir nur, gnädiger Herr, in welchem Raume Eures Schlosses die meisten Mäuse sind", rief Michael, „und kommt und überzeugt Euch selber, wie mein Kater sie vertilgen wird!"

Michael wurde nun in eine Kammer geführt, in der es von Mäusen nur so wimmelte. Sie waren überall, auf den Tischen, auf den Stühlen, überall krochen und sprangen sie vergnügt umher.

Rasch öffnete Michael seinen Sack, der Kater sprang heraus und stürzte sich auf seine Beute. Er sprang mit Blitzesschnelle nach allen Seiten und erzielte bald eine vollständige Niederlage unter den armen Mäusen. Nicht einer einzigen gelang es zu entschlüpfen!

Der König war überglücklich und befahl seinem Schatzmeister sogleich, Michael zehntausend Golddukaten auszuzahlen. Als Michael das viele Geld vor sich liegen sah, jauchzte er freudig auf und machte sich schnurstracks auf den Heimweg.

Als er zwei Tage lang gewandert war, fiel dem König plötzlich ein, was wohl der Mäusefänger essen werde, wenn er erst einmal allen Mäusen den Garaus gemacht haben wird. Er sandte schnell einen berittenen Boten dem Bauernsohne nach, der ihn um Rat fragen sollte.

Michael schritt rüstig voran und pfiff ein lustiges Liedchen vor sich hin. Am vierten Tage hörte er plötzlich das Getrappel von Pferdehufen hinter sich, und als er sich neugierig umwandte, erblickte er einen Reiter, der ihm schon von weitem zuwinkte. Er blieb stehen und wartete die Ankunft des Reiters ab. Als dieser nahe genug herangekommen war, rief er ihm zu: „Was wird denn der Mäusefänger essen, wenn er keine Mäuse mehr im Schlosse finden wird?"

Michael aber hatte bereits die fremde Sprache, die er ohnehin nur sehr wenig kannte, vergessen, und so antwortete er, ohne daß er den Redeschwall des Reiters verstanden hatte, mit dem einzigen Worte, das ihm zu Gebote stand: „Euch!"

Kaum aber hatte der Reiter dieses Wort vernommen, als er erschreckt sein Pferd herumwarf und wieder dem Schlosse zujagte. Michael stand da und hielt sich die Seiten vor Lachen.

Als der Reiter das Schloß erreicht hatte, sprang er vom Pferd, lief, so schnell ihn die Füße nur tragen konnten, zum Könige und rief: „Gnädiger König, mit uns ist es vorbei! Wenn der Mäusefänger alle Mäuse vertilgt haben wird, werden wir ihm zum Opfer fallen!"

„Wer hat dir denn das gesagt?" fragte der zu Tode erschrockene König.

„Ich bringe die niederschmetternde Botschaft von dem Manne, der uns den Kater verkauft hat. Auf meine Frage, was denn das Tier essen würde, wenn es keine Mäuse mehr geben wird, antwortete er mir kurz und bündig mit dem Wörtchen: ‚Euch!' "

Da berief der König seine weisen Ratgeber zu sich, und sie überlegten voller Angst, was zu tun sei. Nach langem Beraten beschlossen sie, den Kater in seiner Kammer gefangenzuhalten. Vor den Türen der Kammer sollten bewaffnete Wachen aufgestellt werden, die bei Tag und Nacht strengste Obacht halten müßten. Sogleich wurde den Generälen aufgetragen, die stärksten und mutigsten Männer unter ihren Soldaten zu wählen, die bereit wären, die gefährliche Wache zu übernehmen.

Bei Tag und Nacht stand nun an jeder Ecke ein bis an die Zähne bewaffneter Mann, der beim kleinsten Geräusch, das aus der Kammer zu hören war, wie Espenlaub zitterte. In der zweiten Nacht wurde es unheimlich ruhig in der Kammer des Gefangenen – der Kater hatte nämlich das letzte Mäuschen verschmaust und ruhte sich nun aus. Am frühen Morgen, als noch immer nichts in der Kammer zu hören war, bekam es der Mann, der dicht bei dem Fenster auf Lauer stand, mit der Angst zu tun. Er hätte für sein Leben gern gewußt, was in der Kammer vor sich gehe! Er faßte Mut und blickte durchs Fenster hinein.

Doch wehe! Der Kater saß am Fenster, und als er den bärtigen Kopf erblickte, auf dem eine struppige Bärenmütze saß, erschrak er, schlug das Fensterglas ein und sprang durch die Öffnung ins Freie. Der Mann schrie auf und fiel ohnmächtig zu Boden. Die zweite Wache, die den gräßlichen Aufschrei gehört hatte, rannte schnell zu seiner Hilfe herbei. Als er den Mann am Boden liegen sah, lief er, so schnell er nur konnte, ins Königsgemach und rief: „Gnädiger König! Der furchtbare, blutdürstige Mäusefänger hat sein Gefängnis verlassen und hat meinen Freund, der beim Fenster Wache hielt, erwürgt. Niemand weiß, wo er nun wütet und wie viele Leute er bereits ins Jenseits befördert hat! Oh, was für ein schreckliches Unglück!"

Alsbald wurden alle Häuser fest verschlossen. Jeder versteckte sich, so gut er nur konnte, und der König befahl, daß ein Regiment der mutigsten Männer den Kater suchen und töten solle. Sein Befehl wurde sogleich ausgeführt, und obwohl das tapfere Heer drei volle Tage suchte – der gefährliche Mäusefänger blieb verschwunden und wurde nie wieder gesehen!

Die drei Brüder aber lebten in Glück und Eintracht, verwalteten getreulich ihren Besitz, und oft konnte man sie des Abends um den Tisch herum sitzen sehen und über die Torheit und Einfalt der Menschen von Herzen lachen hören.

Charlotte Link

Wirklich clever,
dieser Weihnachtsmann

Ich wußte natürlich von Anfang an, daß das ganze
Haus über mich herziehen würde, wenn Susanne
auf meine Anordnung hin den Hund fortschaffen
müßte. „Das nette junge Mädchen", würde es heißen, und „der süße, arme Hund!" Und außerdem war
Adventszeit, da sind die Leute im Vergleich zum übrigen Jahr dreimal so sentimental. Dabei hätten sie sich
mit ein bißchen kühlem Verstand sagen müssen, daß
ich recht hatte: Machen denn Hunde noch etwas
anderes als Lärm? Und Schmutz? Und das ist in den
Wochen vor Weihnachten weiß Gott nicht anders als
sonst. Im Gegenteil, ich sah sie schon, die Schnee-
spuren im Treppenhaus. In *meinem* Treppenhaus!
Denn ich bin der Besitzer – und damit verantwortlich dafür, daß hier alles seinen geordneten Gang
geht.

Susanne, das Mädchen aus dem dritten Stock, hatte
die kleine braune Hündin aus Spanien mitgebracht.
Maroussia hatte am Rand einer staubigen Landstraße
gelegen, mit zwei gebrochenen Beinen und zum Ske-
lett abgemagert. Natürlich, so eine Geschichte geht
einem schon nahe, und ich finde es ja auch in Ordnung, daß Susanne dieses arme Bündel Haut und
Knochen aufgesammelt und mitgebracht hat. Aber
warum soll es jetzt in meinem Haus leben? Wozu gibt
es Tierheime?

„Heute ist der dritte Advent", sagte ich zu Susanne, „bis zum vierten haben Sie Zeit, diesem Hund ein neues Zuhause zu suchen. Es tut mir leid, aber hier ist Tierhaltung nun einmal verboten. Ich kann da keine Ausnahme machen."

Susanne erwiderte nichts, aber sie sah mich lange und eindringlich an. Es war wie verhext; sie und der spanische Hund hatten dieselben tiefdunklen, maurischen Augen.

„Also", murmelte ich, „eine Woche. Das müßte reichen."

Sämtliche Familien im Haus nahmen lebhaften Anteil an Susannes Versuchen, für Maroussia einen neuen Platz zu finden. Und ich selbst mußte mir immer wieder die neuesten Geschichten anhören; meine Kinder erzählten sie mir, und jeder Mieter, den ich im Aufzug oder im Gang traf, berichtete mir sofort aufgeregt von Susannes und Maroussias Abenteuern.

Also – das mit dem Tierheim war schiefgegangen. Susanne hatte den Hund abgeliefert, war auch noch irgendwie zu ihrem Auto zurückgelangt, hatte es aber dort – offenbar inzwischen blind vor Tränen – nicht mehr über sich gebracht, alleine nach Hause zu fahren. Und so kehrte sie schnurstracks um, holte Maroussia aus dem Käfig und kreuzte hier wieder mit ihr auf. Da die Frist noch nicht abgelaufen war, sagte ich nichts. Fairneß muß sein.

Der nächste Anlauf war eine Annonce in der Zeitung. „Kleine braune Hündin sucht neues Zuhause ..." Meine jüngste Tochter, die gerade erst lesen

gelernt hatte, las mir den Text beim Frühstück stok-
kend und fehlerhaft, aber erbarmungslos von Anfang
bis Ende vor. Alle drei Kinder sahen mich an, als hätten sie einen Schwerkriminellen vor sich.

„Jetzt werden sich bald liebe, nette Menschen für
die liebe, nette Maroussia finden", sagte ich munter.
Keines der Kinder antwortete. Meine Tochter stand
auf und verließ schweigend das Zimmer. Im Radio
spielten sie „Oh, du fröhliche ..."

Wie man sich so im Haus erzählte, hatte die
Annonce eine durchschlagende Wirkung, allerdings
nur insofern, als Abend für Abend wildfremde Menschen zu Susanne in die Wohnung stolperten, einen
kurzen Blick auf den Hund warfen und im übrigen
dies alles als eine Art Einladung ansahen, den Abend
in angeregter Unterhaltung mit einer hübschen jungen Frau zu verbringen. Ganze Familien erschienen,
Ehepaare, einsame Männer – aber keiner, soweit ich
das durch meinen Türspion erkennen konnte, verließ
das Haus mit einem Hund an der Leine.

„Es wird einfach keiner gut genug sein", meinte
ich zu meiner Frau, „wahrscheinlich sucht sie ein
Fürstenschloß für diese Maroussia."

„Ach was, es ist so, daß niemand diesen armen spa-
nischen Hund will", entgegnete meine Frau und warf
mir einen anklagenden Blick zu. Ich fühlte mich langsam verfolgt. Gab es denn niemanden, der Verständ-
nis für *meine* Gründe hatte?

In unserem Haus lebte ein alter Mann, und der nahm
besonderen Anteil am Schicksal von Susanne und

Maroussia. Jeden Tag kaufte er eine Dose Hundefutter, die er vor Susannes Wohnungstür stellte. Alle im Haus liebten diesen alten Mann, besonders die Kinder, denn einmal im Jahr, am vierten Advent, verkleidete er sich als Weihnachtsmann und zog in einem roten Mantel und mit einer roten Mütze auf dem Kopf von Wohnung zu Wohnung und verteilte kleine Geschenke an die Kinder. Eine nette Idee, das mußte ich ja zugeben, aber ich glaube, ich war immer ein bißchen eifersüchtig, wenn meine Kinder voller Begeisterung von ihm sprachen. Oder mit Problemen zu ihm statt zu mir gingen.

So wie mit der Katze.

Die Katze tauchte zwei Tage vor dem vierten Advent in unserem Vorgarten auf, genauer gesagt, direkt unter unserem Wohnzimmerfenster. Ein mageres Tier mit struppigem Fell und entzündeten Augen. Offenbar hatte sie keinen Besitzer, aber warum, um alles in der Welt, mußte sie gerade zu uns kommen? Sie saß den ganzen Tag auf dem Fensterbrett, eng an die Glasscheibe gepreßt, und maunzte. Maunzte zum Gotterbarmen. Ihr spitzes Gesicht hob sich als helles Dreieck von der frühen winterlichen Dämmerung ab. Überflüssig zu sagen, daß meine Kinder auf der anderen Seite des Fensters klebten und fast genauso anhaltend und herzzereißend jammerten wie die Katze.

„Kommt, wir zünden die Kerzen am Adventskranz an", versuchte ich sie abzulenken. Das war für gewöhnlich *die* Sensation. Nicht so heute.

„Wir haben schon den Weihnachtsmann um Hilfe

gefragt", sagte meine Tochter. Ich seufzte. „Das ist kein Weihnachtsmann. Das ist ein ganz normaler Mann! Nur weil er einmal im Jahr ..."

„Er sagt, er kann die Katze nicht zu sich nehmen", fuhr meine Tochter ungerührt fort, „weil du das hier im Haus verboten hast. Warum hast du es verboten?"

Ich fragte mich, womit ich es verdient hatte, in so unangenehme Grundsatzdiskussionen verwickelt zu werden. Statt einer Antwort zog ich rasch die Vorhänge zu, um das Katzengesicht draußen nicht mehr sehen zu müssen.

„Wir singen jetzt Weihnachtslieder!" bestimmte ich.

Der Gesang fiel mager aus. Immer wieder brach eines der Kinder ab, lauschte nach draußen und fragte die anderen: „Schreit sie noch?" Und dann lauschten sie alle, und tatsächlich, zart wie das Läuten einer kleinen silbernen Glocke klang die Stimme der Katze von draußen herein.

In der Nacht hatte es geschneit. Im Laufe des Tages wurde es immer kälter, als leuchtendroter Ball hing die Sonne am fahlen Winterhimmel.

Ich traf Susanne und Maroussia an der Haustür. Der Hund wedelte vergnügt mit dem Schwanz, Susanne aber sah blaß und übernächtigt aus. Sie grüßte mich mit leiser Stimme.

„Na, jetzt sagen Sie nur, es hat sich immer noch niemand für diesen hübschen Hund gefunden?"

„Niemand", entgegnete Susanne. Ich schüttelte den Kopf. „Aber es kommen doch ständig Interessenten?"

„Ja, aber die meisten suchen einen reinrassigen

Hund. Oder sie suchen gar keinen, sondern wollen nur einmal in eine andere Wohnung hineinschauen, jemanden kennenlernen. Einer wollte sich sogar Geld pumpen. Ja, und …" Sie schaute mich nicht an, sondern blickte an mir vorbei zum Horizont, wo die Sonne hinter den Bäumen unterging, „morgen ist der vierte Advent …"

Die Katze miaute den ganzen Abend vor unserem Fenster.

Allmählich gewann ich den Eindruck, daß sich sämtliche leidenden Kreaturen dieser Erde ausgerechnet in meinem Haus versammelten. „Warum geht sie nicht woandershin?" fragte ich gereizt. Wir saßen alle vor dem Kamin, blickten in die Flammen und lauschten auf das Knistern der brennenden Holzscheite. Das heißt, wir hätten gern gelauscht. Meist aber war die Stimme der Katze lauter.

Niemand antwortete auf meine Frage.

„Morgen kommt der Weihnachtsmann", wechselte ich das Thema.

Es antwortete immer noch niemand. Aha, jetzt wurde ich also geschnitten. Noch ein paar Tage, und meine Widerstände würden erlahmen. Ich beschloß, früh schlafen zu gehen. Eine tolle Adventszeit dieses Jahr, wirklich!

Der Weihnachtsmann kam tatsächlich am nächsten Tag. Er hatte sich einen langen weißen Bart angeklebt, und seine himmelblauen Augen blitzten. Für die Kinder kramte er Schokoladennikoläuse hervor, Strohsterne und Glaskugeln, in denen es schneite, wenn man sie schüttelte. Dann sah er sie alle der Reihe nach an.

„Was wünscht ihr euch denn vom Christkind?" fragte er.

Die Antwort kam wie aus der Pistole geschossen, und noch dazu im Chor: „Wir wollen, daß unser Vater die Katze hereinläßt!"

Der alte Mann schaute mich an. „Es ist bald Weihnachten", sagte er leise.

Das war der Moment, da ich kapitulierte. Sentimentaler Narr, der ich bin, aber irgendwie ging es mir ans Herz – die bettelnden Augen der Kinder, der alte Mann in seinem roten Mantel, aber vor allem die Stimme, mit der er sagte: „Es ist bald Weihnachten."

„In Gottes Namen, holt die Katze herein", sagte ich erschöpft. Der alte Mann lächelte mir zu und wandte sich zum Gehen, ich kämpfte mit mir, aber dann hielt ich ihn zurück.

„Was Recht ist", knurrte ich, „muß Recht bleiben. Wenn ich hier eine Katze habe, kann ich Susanne nicht gut ihren Hund verbieten, nicht wahr? Sagen Sie ihr – mein Adventsgeschenk –, sie kann den Hund behalten. Wenn's sein muß!"

Es tat gut, wirklich, ich muß zugeben, es tat gut, in die warmen, freundlichen Augen des Weihnachtsmannes zu blicken.

Natürlich bin ich kein Dummkopf. Ich weiß längst, was hier gelaufen ist. Ich habe das leere Baldrianfläschchen im Müll gefunden. Und ich habe Baldrian gerochen – auf meinem Fensterbrett. Wirklich clever, dieser Weihnachtsmann. Um Maroussia zu retten, setzte er mich mit einem anderen Tier unter Druck. Eine heimatlose Katze ist leicht aufzutreiben. Und ich fragte noch: „Wieso kommt sie immer wieder zu uns?" Jeder weiß, mit Baldrian kann man Katzen verrückt machen. Es zieht sie magisch an. Und bringt sie zum Schreien.

Ja, so war das. Aber komischerweise war ich gar nicht ärgerlich an diesem Abend. Alle vier Kerzen auf dem Adventskranz brannten. Wir sangen Weihnachtslieder, und auf dem Sofa lag die Katze und putzte ihr weißes struppiges Fell.

Quellenverzeichnis

Hanna Johansen, *Felis, der Kater*, Auszug aus: dies., Felis, Felis.
© 1987 by Verlag Nagel & Kimche AG, Zürich/Frauenfeld.

Mary E. Little, *Der Junge und der alte Kater*, aus: dies., Old cat
and the kitten. Zuerst erschienen 1979 bei Atheneum Publishers,
USA. Abdruck mit Genehmigung der Liepman AG, Zürich.
© 1979 by Mary E. Little.

Osaragi Jirō, *Das Zirpkätzchen*, aus: Frederico Hindermann
(Hrsg.), Katzen – Eine Auswahl von Texten aus der Weltliteratur.
© 1982 by Manesse Verlag, Zürich.

Simone Berson, *Die Katze im Schnee*, aus: Richard Hoff-
mann/W. A. Oerley (Hrsg.), Der Tod des großen Ochsen. Die
schönsten Tiergeschichten der Weltliteratur. © 1962 by Neff
(Verlagsunion Pabel-Moewig KG, Rastatt), Wien.

Patricia Highsmith, *Mings größte Beute*, aus: dies., Kleine
Mordgeschichten für Tierfreunde. © 1976 by Diogenes Verlag
AG, Zürich.

Rudyard Kipling, *Die Katze, die für sich allein ging*, aus: ders.,
Das kommt davon. © o. J. by Paul List Verlag GmbH, Mün-
chen/Leipzig.

Tilde Michels, *Meine Amina*, Auszug aus: dies., Freundschaft
für immer und ewig? © 1989 by Verlag Nagel & Kimche AG,
Zürich/Frauenfeld.

Lilian Jackson Braun, *Kleine Katze – Großer Schnurrbart*, aus:
Sandra Paretsky (Hrsg.), Die Katze läßt das Morden nicht.
© 1988 by Lilian Jackson Braun. Alle Rechte an der deutschen
Übersetzung von Christine Frauendorf-Mössel 1992 by Wilhelm
Goldmann Verlag GmbH, München.

Ilona Bodden, *Die Katze mit der Brille*, aus: Die Katze mit der
Brille. Die schönsten Gute-Nacht-Geschichten, Neue Folge.
© 1959 by Europa Verlag AG, Zürich.

Geschichten zum Lesen und Vorlesen

Pferdegeschichten
Herausgegeben von Jutta Radel

Gespenstergeschichten
Herausgegeben von Kitty Heeman

Detektivgeschichten
Herausgegeben von Kitty Heeman

Indianergeschichten
Herausgegeben von Barbara Zoschke

Liebesgeschichten
Herausgegeben von Barbara Zoschke

Gruselgeschichten
Herausgegeben von Barbara Zoschke

Schulgeschichten
Herausgegeben von Cornelia Ziegler